【한국의 전통사상】

仙道

한국의 전통사상 선도(仙道)

발행일   2022년 12월 1일 1쇄 발행
저자   오순제
발행인   사단법인 대한사랑
발행처   도서출판 대한사랑
주소   서울시 영등포구 당산로41길 11 당산 SK V1센터 E동 1005호(당산동4가)
전화   02-719-3737
팩스   02-2678-3738
홈페이지 https://www.daehansarang.org
출판등록 2022년 7월 14일(제 2022-000096호)
Copyright ⓒ 2022 대한사랑

ISBN   979-11-974945-2-9

仙道 ^{선도}

오 순 제 | 지음

도서출판 **대한사랑**

머리말

필자가 우리나라의 역사에 대해서 공부하기 시작하면서 가진 가장 큰 의문점은 과연 우리 민족의 전통사상은 무엇이었을까 하는 것이었다. 왜냐하면 대부분의 학자들이 샤머니즘(巫俗)이라고 주장하고 있기 때문이다. 그리고 좀 더 연구해보면 중국의 도교(道敎)를 마치 우리나라의 것으로 착각을 일으키기도 한다.

이러한 고민 가운데 일본 전역을 여러 차례 종단 답사를 하면서 한반도에서 거의 사라진 것들 중에 우리 조상들이 전해준 원형(原形) 그대로 군데군데에 남아 있는 것을 보게 되었다. 그리고 그 시원을 찾던 중에 후배인 박원길 교수를 만나면서 몽골과 시베리아에 원형이 남아 있다는 것을 알게 되었다. 특히 친구인 윤명철 교수가 정재승 소장의 봉우사상연구소 팀들과 함께 먼저 바이칼 지역을 답사하면서 자극을 받은 필자 또한 2번에 걸쳐 바이칼의 올혼 섬, 우스바그진 지역을 답사하게 되었다. 그리고 몽골지역은 하라호름, 동몽골, 부르칸칼돈, 고비 지역 등을 답사하여 많은 자료들을 얻게 되면서 그 실체들이 밝혀지게 되었다.

필자는 그동안 수십년간 연구해 온 것들을 모아 한 권의 책으로 정리해 보고자 하였다. 이 책이 나오기까지 도와주신 박원길 교수에게 감사를 드리며, 친구로서 늘 격려를 아끼지 않는 윤명철 교수, 김용범 교수와 흔쾌히 출판해주신 도서출판 대한사랑에도 감사를 드립니다.

장강(暲江) 오순제 박사

차 례

1. 들어가는 말

선도와 샤머니즘은 매우 밀접한 관련성을 가지고 있다. 선도(仙道)는 개인적, 내재적, 수행적, 명상적, 사상적인 측면을 지닌 반면에 샤머니즘(Shamanism)은 행위적, 집단적, 상징적, 권위적인 측면을 가지고 있다. 현재 우리가 알고 있는 샤머니즘은 전혀 철학적, 사상적, 명상적, 내재적이지 않는데, 이것은 그들이 지녀왔었던 이러한 맥락들이 붕괴되고 단절되었기 때문이다.

필자는 몽골(Mongol)과 시베리아(Siberia)의 샤머니즘을 연구해오면서 중요한 단서를 발견하게 되었다. 우리나라의 샤머니즘은 여러 잡귀들을 믿는 반면 시베리아, 몽골의 샤머니즘은 공통적으로 '텡그리(Tengri)'를 최고의 신으로 모시고 있으며 그 외에도 여러 신들이 존재하고 있긴 하지만 주로 이 천신(天神)에게 제사를 드리고 있다.

더구나 '오보(Ovoo)'라고 불리는 성황당도 여러 등급이 존재하고 있는 것을 볼 수 있었다. 예를 들면 국가에서 건립한 오보, 주정부에서 건립한 오보, 마을에서 건립한 오보 등으로 누층적(累層的) 구조를 가지고 있다. 그뿐만이 아니라 우리나라에서는 신어머니(神母)와 신딸로만 되어있는 샤먼의 체계에도 바이칼호(Lake Baikal)를 중심으로 한 시베리아 지역에서는 9단계로 이루어져 있었다고 한다.[1]

---

1) 브리야트의 신화에 의하면 알혼섬에는 바이칼 호수의 여러 신들이 거주했다고 전해진다. '한후테-바바이'라는 신은 다른 여러 신들과 함께 하늘로부터 이곳으로 보내어져 흰독수리의 형상을 입고 이곳에서 지냈는데, 그 아들 '한쑤부-노이온'이 최초로 탱그리(Tengri: 天神)로부터 샤만의 능력을 받았다고 전해진다. 그리하여 알혼섬의 독수리바위로 불리우는 부르한(Burkhan)

이것은 우리 민족의 역사에 있어서 삼한(三韓) 시대의 예를 들어보면 진한, 마한, 변한의 삼한 전체를 진국(辰國)이라고 불렀으며 진왕(辰王)인 진한(辰韓)이 다스렸던 수도였던 마한의 목지국(目支國)이라는 국읍(國邑)에는 최고의 신성구역인 신소도(臣蘇塗)가 존재하였다. 그 아래에는 부왕(副王)이었던 진한과 변한의 수도인 수읍(首邑)에도 소도가 있었고, 그 아래에 대군장인 신지(臣智), 견지(遣支)가 다스린 대읍(大邑)과 소군장인 읍차(邑借), 부례(不例)가 다스린 소읍(小邑)에도 그리고 촌장이 다스렸던 촌락에도 각각 소도가 존재하고 있었다. 이것은 이미 언급한 몽골, 시베리아의 누층적 오보와 같이 국읍(國邑) → 수읍(首邑) → 대읍(大邑) → 소읍(小邑) → 촌락(村落) 등의 누층적 구조의 소도가 존재했음을 보여주고 있다.[2]

현재 우리나라에서는 이러한 누층적 구조는 무너져 사라져 버렸고 텡그리, 하느님, 하나님을 정점으로 하였던 일신적(一神的) 만신론(萬神論)의 신성한 체계[3] 또한 무너져 버려 여러 잡귀(雜鬼)들이 난무하는 무속(巫俗)으로 전

바위는 샤머니즘의 마지막 성지로 여겨질 뿐만 아니라 징기스칸 시절 라마교의 탄압으로 도피한 많은 샤만들이 몸을 숨긴 곳이기도 하다. 지금도 이곳에서는 매년 샤머니즘의 중대의식이 행해지고 있다. 그리고 샤만들은 9등급으로 나누어지는데 1~4등급은 자기가 있는 곳에서 임명되며 그 이상이 되려면 이곳으로 와야 한다고 한다. 소련이 이 지역을 점령하면서 시베리아 샤먼의 성지였던 바이칼호 알혼섬의 부르칸바위를 지키고 있었던 3명의 샤먼을 처형했다고 하며 지금도 그들을 기념하는 성황당이 서있다. '부르한'이란 하느님(天神)을 뜻하는 것이다.

2) 신채호는 『조선상고사(朝鮮上古史)』, 『조선사연구초(朝鮮史硏究草)』, 『조선상고문화사(朝鮮上古文化史)』, 『독사신론(讀史新論)』 등을 통해서 환웅시대의 풍백, 우사, 운사와 마가, 우가, 저가, 구가, 양가 등의 3사5가(三師五家)제도를 그대로 이어서 고조선(古朝鮮)은 신조선, 불조선, 말조선의 삼조선(三朝鮮)으로 나누어 다스렸으며 총왕은 신한이고 그 아래에 부왕으로 불한, 말한 등의 3한(三韓)이 있어서 각각 다스렸으며 3한의 아래에는 5가(五家)가 존재한다고 하였다.(『丹齋 申采浩 全集』 上·下, 단재신채호선생기념사업회, 1972)

3) 텡그리는 도리(道理)가 시작되는 만상의 근원(根源)으로 해와 달조차 모두 텡게리의 하부 질서에 불과한 것이다.(박원길, 「몽골비사의 텡게리(Tenggri) 신앙고찰-돌궐, 위그루비문자료 비교를 중심으로」, 『민속학연구』 제44호, 2019.6.)

락하고 말았다.[4] 더구나 일제 강점기를 지나면서 우리 민족의 선도가 중국 도교에서 기원되었다는 주장까지 등장하고 있는 실정이다. 이러한 안타까운 현실에서 필자는 우리 민족의 전통적 종교였던 선도(仙道)에 대한 연원과 복원을 이 책을 통해서 시도해 보고자 한다.

4) 텡그리에 대한 일신적 만신론의 신앙체계가 무너지자. 여러 잡신들의 힘을 모으기 위해서 무당 중에서는 '만신(萬神)'이라는 개념이 등장하기 시작하였다. 그러나 텡그리를 정점으로 하는 북방 샤머니즘에서는 이러한 만신은 존재하지 않으며 도리어 퇴마, 치병 등을 행하는 백샤만과 저주 등을 행하는 흑샤만이 존재하고 있다.

2. 선도의 발생과 전개

1) 하느님(天神) 숭배사상의 발생

『삼국유사(三國遺事)』권제1 기이(紀異), 고조선(古朝鮮)조에 환웅(桓雄)이 하늘에서 삼위태백을 내려다보고 내려가기를 원하니 환인(桓因)이 천부인을 주어 풍백, 우사, 운사와 3,000명의 무리를 이끌고 태백산(太伯山)[1]에 내려보냈으며, 그가 내려와 신시(神市)를 베풀게 하였다고 한다. 환웅은 백두산(白頭山) 언저리에 살고 있었던 웅족(熊族)과 호족(虎族)에게 쑥과 마늘을 먹이고 홍익인간, 재세이화의 사상으로 교화시키고 하늘에 제사를 드렸다.

『규원사화(揆園史話)』에서는 환인에 대하여 '환(桓)'이라 광명(光明) 곧 환하게 빛나는 것으로 그 형체를 말함이요, '인(因)'이란 본원(本源)이니 곧 근본

강화도 마니산의 참성단

---

1) 太伯山이란 '크고 밝은 산=흔붉뫼'라는 뜻으로 현재 우리 민족의 영산인 백두산을 말한다.

으로 만물이 이로 말미암아 나는 것을 뜻함으로 한 큰 주신(一大主神)이라고 하였다. 그는 일신(一神)으로 가장 높은 자리에 있으며 천지를 창조하고 전세계를 주재하여 무량한 물건들을 만드셨다고 하였다. 그리고 단군이 흰소를 잡아 태백산(太白山)의 산록에서 하늘에 제사를 지냈다. 옛 법에 하늘에 제사를 지낼 때는 반드시 먼저 좋은 날을 정하고 흰소를 골라 잘 길러서 제사지낼 때가 되면 그 소를 잡아 머리를 산천에 제물로 드리니 백두(白頭)란 쇠머리(牛頭)를 말하는 것으로 여기에서 말미암은 것이다. 대개 하늘에 제사를 지내고 조상에게 보답하는 예식은 단군(檀君)에게서 비롯되었다고 한다.[2]

김교헌과 안확은 이러한 선도(仙道)가 부여에는 대천교(代天敎), 신라에는 숭천교(崇天敎), 고구려에는 경천교(敬天敎), 발해에는 진종교(眞倧敎), 그 밖에 모든 나라는 천신교(天神敎)로 불렀다고 하였다.[3]

환웅이 백두산 언저리에 베풀었던 신단(神壇)과 같은 제사유적들이 6,000여 년 전인 홍산문화(紅山文化)의 우하량유적, 동산취유적 등에 남아 있다. 특히 요령성 능원시의 우하량(牛河梁) 제사유적은 전체적으로 볼 때 원형으

우하량유적의 천단(天壇)

우하량유적의 지단(地壇)

2) 북애자 저, 신학균 역, 『규원사화(揆園史話)』, 명지대학교 출판부, 1975.
3) 김교헌 저, 고동영 역, 『신단민사』, 한뿌리, 1986. p.109 ; 안확 지음, 송강호 역주, 『조선문명사』, 우리역사연구재단, 2015, p.115.

로 축조된 천단(天壇), 네모로 축조된 지단(地壇), 여신상을 모신 인단(人壇) 등으로 천지인(天地人)을 이루고 있어 천부경의 한사상을 바탕으로 축조되어 있으며 여신상과 함께 곰뼈가 나오고 있어서 웅족(熊族)의 유적으로 거론되고 있다.

여신단

홍산문화의 동산취유적(東山嘴遺跡)의 원형제단, 하가점하층문화(夏家店下層文化)의 성자산산성(城子山山城) 정상부의 제단, 고조선시대의 평양(平壤) 화성동 2호 제단 등이 있다. 특히 단군왕검이 백두산과 더불어 강화도에서 하느님(天神)께 제사를 드렸던 마니산[4] 참성단(塹星壇) 또한 원형과 네모 형태인 상방하원(上方下圓)으로 축조되어 있다.[5] 이것은 서열적인 중국의 고대 사상과는 달리 사람을 둥근 원(圓) 속에 포함한 형상으로 사람과 하늘이 하나가 되는 천인합일(天人合一)이라는 우리 민족의 전통사상을 나타낸 것이다.[6]

이곳에서는 우상을 숭배하였던 수많은 고대 종족들처럼 우상을 섬겼던

---

4) 마니산(摩利山)은 불교적인 명칭인데 그 이전에는 "머릿산"으로 "頭嶽"이었다. 이렇게 제사를 드렸던 두악 중에서 가장 으뜸 되는 곳이 바로 백두산(白頭山)이다.

5) 제천단은 강화도 마니산에 있으니, 단군이 혈구(穴口)의 바다와 마니산 언덕 위에 성을 돌리어 쌓고 단을 만들어서 제천단이라 이름하였다. 단은 높이가 17척인데 돌로 쌓아 위는 네모나고 아래는 둥글다. 위의 네모는 6자 6치요 아래는 둘레가 60자이다. 혹자에 의하면 마니는 강과 바다의 모퉁이라, 땅이 따로 떨어지고 깨끗하며 고요하여 신명(神明)의 집이 된다. 그러므로 제사터를 닦아 한얼님께 제사하는 것이다. 그리고 하늘은 음을 좋아하고 땅은 양을 귀하게 여기므로 제단은 반드시 물 가운데의 산에 만든 것이요, 위가 네모나고 아래가 둥근 것은 하늘과 땅의 뜻을 세운 것이다.(『修山鑛』卷之十二,「東史」, 神事志)

6) 이찬구, 『홍산문화의 인류학적 조명』, 개벽사, 2018. pp.266-269.

것이 아니라 오직 하느님(天神)이 계신 하늘을 향해 제사를 드렸던 그 당시 최고(最高)의 고등종교(高等宗教)가 발생된 장소이기도 하다. 우리나라에서는 '하느님'[7], '하나님'으로 부르고 있는데 몽골, 시베리아, 터어키에서는 '텡그리(Tengri)'라고 하였으며[8] '天神=하느님'으로 최남선은 '딕ᄀ리'[9]라고 부른다고 하였다.[10]

특히 흉노의 황제인 선우도 텡리고도선우(撑犁孤途單于)라고 하였는데, 그 뜻은 "하늘의 아들인 선우"라는 뜻으로 선우천강(單于天降)으로도 표현하고 있어, 우리 민족과 같은 천손사상(天孫思想)을 가지고 있었음을 보여준다. 더구나 시베리아에는 샤머니즘의 성지인 바이칼호수 알혼섬의 부르칸

바이칼호의 부르칸바위와 솟대

---

7) 하나님의 어원에 대해서 '얼(檀)' 중에서 가장 큰 '한얼'이라고 보는 견해도 있다. 우리 인간의 얼굴도 '얼을 담는 그릇'이라는 뜻에서 '얼골(檀骨)'이 변한 것으로도 보기도 한다.

8) 박원길, 앞글, 2019.6.

9) 최남선 지음, 전성곤 옮김, 『불함문화론, 살만교차기』, 경인문화사, 2013, pp. 39~42.

10) 고대 터키어: 𐰴𐰣𐰽, 불가리아어: Тангра, 현대 터키어: Tanrı, Proto-Turkic: teŋri/taŋrɨ, 몽골어: ᠲᠩᠷᠢ, Tngri, 현대 몽골어: Тэнгэр, Tenger이다. (https://en.wikipedia.org/wiki/Tengri)

(Burhan) 바위[11]와 함께 바르코진의 바르한언더르(Barkhanunder)산을 비롯

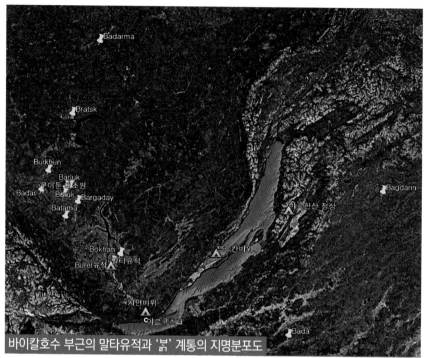

바이칼호수 부근의 말타유적과 '붉' 계통의 지명분포도

바이칼호 바르코진의 바르한언더르산

11) 1970년에 부르한바위 부근에서 8000년 전의 초기 신석기시대의 샤먼의 무덤이 발굴되었
다.(정재승, 『바이칼, 한민족의 시원을 찾아서』, 정신세계사, 2003, p.262)

하여 환웅신화와 같은 '아바이 게세르신화'가 존재하고 있다.[12]

이와 더불어 몽골의 부르칸칼둔(Burkhan-Khaldun)산에는 곰의 상과 함께 그들이 좋아하는 잎은 파이고 뿌리는 마늘인 '파마늘'이 자생하고 있어 시베리아, 몽골, 만주, 한국 등이 하나의 맥으로 이어지고 있음을 볼 수 있다.[13]

이것은 '붉(Park)', '붉은(Parkan)' 계통으로 필자는 바이칼 부근에 '붉' 계통의 지명이 집중 분포되어 있는 것을 찾아냈다. 그런데 이곳의 앙가라강 유역은 구석기시대 말기인 2만 년 전의 말타(Malta)유적이 있는 곳으로 이곳에서 시작된 좀돌날문화가 아무르강(黑龍江), 만주, 내몽골, 연해주, 한반도

부르칸칼둔

<hr>

12) 바이칼호수 동쪽에 자리잡은 몽골족의 브리야트 공화국을 이루고 있는 몽골족인 에벤키족의 "아바이게세르 신화"는 우리 민족의 환웅신화와 그 맥을 같이하고 있어, 최남선은 "불함문화론"을 통해 바이칼 호수 일대를 한민족의 기원과 문화적 발상지로 제시했다. 부리야트의 신화학자인 차그두로프(S.Chagdurov)는 부리야트, 몽골, 알타이, 칼묵, 티베트의 게세르신화와 한반도의 단군신화까지도 연관이 있다고 보았고 박물관을 방문하였을 때 그 곳의 학자들은 환웅이 이 곳에서 갔다고 필자에게 말해주었다. 이 신화는 하늘의 신 호루마스는 지상의 악을 제거하기 위하여 그의 둘째아들인 게세르에게 지상으로 내려가 이들을 쳐부술 것을 명하였다는 내용으로 환웅이 하느님인 환인의 명을 받아 3000명의 무리를 이끌고 땅으로 내려왔다는 것과 같으며 그가 이 땅에 내려온 곳은 홍익인간, 제세이화의 대의명분을 가지고 있는 것과 맥을 같이 하고 있다.(일리야N.마다손 채록, 양민종 옮김, 『바이칼의 게세르신화』, 솔출판사, 2008)

13) 박원길, 「몽골지역에 전승되는 고대 한민족 관련 기원설화에 대하여」, 『몽골학』, 54호, 2018.

로 이동하면서 중석기시대의 세석기(細石器)문화로 발전되면서 이어지고 있다.[14] 특히 말타유적의 여성형상은 홍산문화 우하량유적 여신묘의 여신상의 시원적 형태로 볼 수 있다. 그러므로 바이칼지역을 '붉(Park)'문화의 발생지인 동시에 환웅이 출발한 곳으로 보고자 한다.

『삼국사기(三國史記)』, 『삼국지(三國志)』, 고려시대의 금석문 등에도 하늘에 제사를 드린 기록들이 남아 있는데, 특히 『고려사(高麗史)』, 지(志), 권제13, 예1(禮一), 원구단 조에는 "원구단(圜丘壇)은 둘레가 6장 3척이고, 높이는 5척이다. 12개의 계단이 있고 3중의 유(壝)가 있는데, 각 유마다 간격은 25보이다. 주위에 담장을 둘렀으며 4개의 문이 있다. 요단(燎壇)은 신단(神壇)의 남쪽에 있다. 너비는 1장이고, 높이는 1장 2척이다. 출입구는 사방 6척으로 위를 틔우고 남쪽으로 출입한다. 원구의 제사는 정해진 날이 있을 경우에는 정월 첫 신일(上辛)에 풍년을 기원한다. 정해진 날이 없을 경우에는 4월 중에 길일을 택하여 기우제를 지낸다. 축판(祝版)에는 '고려국왕 신 왕모

곰상(입구)　　게세르의 강림　　파마늘

14) 이헌종, 「바이칼지역 후기 구석기시대 세형돌날문화의 기술, 형태적 특성과 주변지역과의 비교연구」, 『한국 시베리아연구』 20권 1호, 배재대학교 한국시베리아센터, 2016.

(王某)는 감히 밝게 고합니다.'라고 쓴다. 옥과 폐백(玉幣)으로 상제(上帝)에게는 창벽(蒼璧)을 사용하되 밑받침이 있는 사규(四圭)로 하며 폐백은 창색(蒼色)을 사용한다. 청제(靑帝)에게는 청규(靑圭)를, 적제(赤帝)에게는 적장(赤璋)을, 황제(皇帝)에게는 황종(黃琮)을, 백제(白帝)에게는 백호(白琥)를, 흑제(黑帝)에게는 현황(玄璜)을 사용하는데, 폐백은 각각의 옥과 같은 색으로 한다. 5방(五方)의 제(帝)에게는 각각 방위에 해당하는 색의 송아지 1마리를 사용한다. 만약 방위에 해당하는 색으로 준비하기 어려운 경우라면 순색으로 대신한다."고 기록되어 있다. 이것은 하느님을 중심으로 5방신에게 제사를 드렸음을 보여주고 있는 것이다. 그러나 하늘에 제사를 드렸던 원구단은 고려 말 우왕 11년(1385) 당시 사대주의자들이 친명정책을 펴나가던 상황 속에서 "황천상제(皇天上帝)에게 제사를 드릴 수 있는 것은 천자(天子)일 뿐이니 고려는 제후(諸侯)의 의례를 따라야 한다."는 주장에 의해 폐지되었다.

『조선왕조실록(朝鮮王朝實錄)』 태조(太祖) 3년, 세종(世宗) 1년, 세조(世祖) 2년 등에는 원구단에서 하늘에 제사를 드린 사실이 기록되어 있다. 특히 태종(太宗) 16년 6월 1일에 올린 변계량(卞季良)의 상서문에 "우리 동방(東方)에서는 하늘에 제사지내는 도리가 있었으니, 폐지할 수 없습니다. 우리 동방은 단군(檀君)이 시조인데, 대개 하늘에서 내려왔고 천자가 분봉(分封)한 나라가 아닙니다. 단군이 내려온 것이 당요(唐堯)의 무진년(戊辰年)에 있었으니, 오늘에 이르기까지 3천여 년이 됩니다. 하늘에 제사하는 예가 어느 시대에 시작하였는지를 알지 못하겠습니다만, 그러나 또한 1천여 년이 되도록 이를 혹은 고친 적이 아직 없습니다. 태조강헌대왕(太祖康憲大王)이 또한 이를 따라 더욱 공근(恭謹)하였으니, 신은 하늘에 제사하는 예를 폐지할 수 없다고 생각합니다."라고 하였다.

그러나 세조 10년(1464)에 중단이 되고 말았다. 그 이후 대한제국(大韓帝國)

을 선포한 고종(高宗) 광무 원년(1897)에 소공동에 원구단(圜丘壇)을 세우고 하느님께 제사를 다시 드렸다. 그러나 일제강점기인 1911년 2월 원구단의 건물과 터가 총독부 소유가 되면서 일제는 1913년 원구단을 헐고 조선총독부에서 현재의 조선호텔인 철도호텔을 지었다. 현재 남아있는 팔각의 황궁우(皇穹宇)는 통층 구조로 중앙에는 태조의 신위를 봉안하고 있는데 이 건물은 원구단의 북쪽 모퉁이에 해당하며, 그 앞에 있는 석고(石鼓)는 1902년 고종 즉위 40년을 기념하여 세운 것이다.

산동성(山東省) 가상현(嘉祥縣)에 있는 후한시대의 무씨사당(武氏祠堂)의 화상석(畫像石)에는 환웅신화가 4단에 걸쳐서 새겨져 있다.[15] 이것은 우리 민족의 한 갈래가 중국 동해안의 산동지역으로 흘러들어가 내이(萊夷), 우이(嵎夷), 서이(西夷), 회이(淮夷) 등의 동이족(東夷族)을 형성하였음을 보여주는 것이다. 이들은 해가 뜨는 곳[16]에 자리잡은 태산(泰山)에서 하늘에 제사를 드려왔는데, 진시황(秦始皇)이 천하를 통일한 이후 천지(天子)라 칭하면서 이것을 이어서 봉선(封禪)의식을 행하여 하늘에 제사를 드렸다. 그 후 한무제, 수양제 등

---

15) 김재원, 『단군신화의 신연구』, 탐구당, 1976.
16) 중국인들은 동이족들이 사는 산동지역의 우이(嵎夷)가 살고 있던 '양곡(暘谷)'을 '양(暘)'은 '밝다'라는 뜻으로 해가 양곡에서 솟아나오면 천하가 밝기 때문에 양곡(暘谷)이라 일컫는다고 하였고, 마융(馬融)은 "양곡은 바다 모퉁이이니, 내이(萊夷)의 땅 이름이다."라고 하였다.(『尙書注疏』 卷第二, 堯典 第一)

고종황제가 천제를 드린 원구단

도 이것을 행하였다고 한다. 그러므로 오악 중에서 이곳만이 대묘(岱廟)라고 부르며 '오악독종(五嶽獨宗)'이라고 말하고 있다.[17]

2) 선도의 전파와 인류(人類) 시원문화(始原文化)

환웅은 하늘에서 내려오면서 환인으로부터 천부인(天符印)을 받았다. 현재 우리에게 전해지고 있는 천부경(天符經)이 그 편린일 가능성이 높다. 신라의 최치원은 『고운집(孤雲集)』, 고운선생사적(孤雲先生事蹟), 단전요의(檀典要義)에 "태백산(太白山)에 있는 단군(檀君)의 전비(篆碑)는 난삽해서 읽기 어려웠는데, 고운이 이 비문을 해독하였다. 그 문자는 다음과 같이 '一始無始一, 碩三極, 無盡本, 天一一, 地一二, 人一三, 一積十鉅, 無愧化三, 天二三, 地二三, 人二三, 大三合六, 生七八九, 運三四成環五七, 一杳演萬往萬來, 用變不同本, 本心本太陽, 仰明人中天中一, 一終無終一'고 한다."고 하였다.

발해의 대야발(大野渤)이 지은 『단기고사(檀奇古史)』에는 단군 천부경은 문창후 최고운(崔孤雲) 선생이 고비(古碑)에 새겨진 신지(神誌)의 전문(篆文)을 보고 그 문자를 해독하여 태백산(太白山)에 새겨 놓았다고 하면서 81자를 채록해 놓았다.[18]

구한말의 김택영(金澤榮)도 『소호당집(韶濩堂集)』 권2, 갑자문로(甲子文錄), 단씨조선기(檀氏朝鮮紀)에서 "무진년에 단군천왕이 건국하여 조선이라 칭하고 천부경(天符經)을 만드셨으니 사람이 하늘의 천명을 따르는 것을 설한 것이

---

17) 서쪽 화산(華山)에는 서악묘(西岳廟), 남쪽 형산(衡山)은 남악묘(南岳廟), 북쪽의 항산(恒山)은 북악묘(北岳廟), 중앙은 숭산(嵩山)으로 중악묘(中岳廟)가 있다.

18) 一始無始, 一析三極, 無盡本, 天一一, 地一二, 人一三, 一積十鉅, 無匱化三, 天二三, 地二三, 人二三, 大三合六, 生七八九, 運三四成環五七, 一妙衍邁往萬來, 用變不動本, 本心本太陽昂明, 人中天地一, 一終無終一(대야발(大野渤), 『단기고사(檀奇古史)』, 충북신문사, 1956)

다. 천부란 천명의 부험이다. 그 글은 '一始無始, 一析三極, 無盡本, 天一一, 地一二, 人一三, 一積十鉅, 無匱化三, 天二三, 地二三, 人二三, 大三合六, 生七八九, 運三四成環五七, 一妙演萬往萬來, 用變不動本, 本心本太陽昂明, 人中天地一, 一終無終一'의 81자이다."라고 하였으며, 이어서 "대한제국이 망한 지 7년 뒤인 정사년에 평안도 사람인 계연수(桂延壽)가 태백산(太白山)에 약초를 채집하러 갔다가 신라시대의 학자인 최치원(崔致遠)이 바위에 새겨 놓은 천부경(天符經)을 보았다."고 말하고 있다.

고구려 덕흥리고분 벽화의 태극, 백제의 나주 복암리고분에서 출토된 목간의 태극과 사비시대 부소산성의 태극문 와당, 파형문(巴形汶) 와당, 신라 감은사지의 태극문 등이 있는데, 이것은 주자(朱子)의 《태극도설(太極圖說)》이 수입되기 전에 이미 우리 민족에게 태극이 존재하고 있음을 보여주고 있다.

특히 고구려의 삼족오, 신라의 보검에 새겨진 삼태극 등은 천, 지, 인의 삼재를 나타내는 천부경의 원리가 존재했을 것으로 추정된다. 왜냐하면 우실하는 홍산문화의 옥기에서 천(天)을 상징하는 원(圓: ○), 지(地)를 상징하는 방(方: □), 인(人)을 상징하는 각(角: △)을 비롯하여 3수를 나타내는 원이 3개가 연속되는 삼련옥벽(三連玉璧), 3명이 얼싸안고 있는 도소삼인상(陶塑三人像), 머리 위에 원반 3개를 얹고 있는, 9를 상징하는 석인상(石人像), 그리고 9마리의 새끼용을 등에 지고 있는 옥저룡 등을 거론하면서 1→3→9→81로 분화하는 천부경의 원리[19]를 보여주고 있다고 주장하기 때문이다.[20] 이것은 천부경이 후대의 저작이라고 하더라고 그 기본원리는 이미 환웅시대에 존재하고 있었음을 보여주는 중요한 것으로 환웅이 환국(桓國)에서 출발하면서

---

19) 북방 샤머니즘에서도 3,7,9 등이 성수(聖數)로 간주하고 있다.(박원길, 앞글, 2019, P.365)
20) 우실하, 「3수 분화의 세계관(1-3-9-81)'의 기원과 홍산문화 : 홍산문화에 보이는 성수 3,9,81을 중심으로」, 『비교민속학』 제44집, 2011.4.

고구려 덕흥리고분 벽화의 태극

감은사지

신라 계림로보검의 삼태극

백제의 태극문 와당

신라 보검

나주 복암리 백제고분의 태극

회암사지의 삼태극

홍릉의 삼태극

남한산성 현절사의 삼태극

환인(桓因)에게서 받았다는 환웅신화를 증명해주는 중요한 증거로 우리 민족의 전통사상의 그 연원이 세계에서 가장 오래된 것임을 보여주는 것이다.

돌궐(突厥)의 빌게카간비문에서는 "위로 푸른 하늘(Tagri: 天), 아래는 적갈색 땅(地)이 창조되었을 때에, 둘 사이에서 사람(人)이 창조되었다고 한다."고 하였고, 징기스칸의 조상에 대해 기록한 『몽고비사(蒙古祕史)』제125절에도 "하늘과 땅의 힘을 받고 보살핌을 받아"라고 하였다.[21] 이것은 북방유목민족인 돌궐족, 몽골족에게도 우리 민족 천지인(天地人)의 천부경 사상이 그대로 반영되어 있음을 보여주는 것인 동시에 이들이 우리 겨레임을 증명해 주고 있다.

징기스칸은 유일신(唯一神)인 멍케-텡게리(Möngke Tenggeri : 영원한 하늘)를 대몽골제국의 국교(國敎)로 삼고 자신이 그 대리자임을 천명하면서, 모든 사람들이 지켜야 하는 수칙인 예케-자사크(Yeke Jasag)를 반포하였다. 현재 전해지는 36개

21) 박원길, 「몽골비사의 텡게리(Tenggeri) 신앙고찰」, 『민속학연구』제44호, 2019.6.

의 조항 중에서 제16조에는 "만물은 어떠한 것도 부정하다고 말하면 안된다. 만물은 예초부터 청정하며 깨끗한 것과 부정함의 구별이 존재하지 않았다."고 하였고 제11조에서는 "모든 종교는 차별없이 존중해야 한다. 종교(宗敎)란 신(神)의 뜻을 받드는 면에서 모두 같다."고 하였으며 그리고 모든 종교의 성직자들에 대한 세금과 부역을 면제해주라고 하였다.

몽골제국 제4대의 몽케카칸은 "도교나 불교, 유교, 이슬람교, 기독교 등 모든 종교에서 말하고 있는 절대자(絕對者)나 절대 진리는 그 근본(根本)을 따져 볼 때에 모두 하나라는 것을 알 수 있다. 모두 나의 손을 바라보라 여기 손바닥이 있고 다섯 개의 손가락이 있다. 모든 종교란 손가락에 불과하며 그 최후에 도달처는 손바닥이다. 너희 각 종교 지도자들이 모시고 있는 다양한 신(神)이나 진리(眞理)의 이름은 엄지나 검지 등 다른 손가락일 뿐 그 최후의 도달처는 모두 같다."라고 천명하고 있다.

즉 몽골제국의 유일신인 멍케-텡게리의 등장은 북방 샤마니즘적인 인식체계를 통해 이루어진 것으로 북방 유라시아 초원제국의 사상이 몽골제국의 징기스칸에 의해 새롭게 구현된 최초의 구조로써 정치적인 것 뿐만 아니라 종교적으로도 완성된 것이다. 즉 종교는 개인의 믿음이지 국가가 관여할 성질이 아니라는 입장을 가짐으로써 지금까지 지역과 계층을 막론하고 그들 모두를 강하게 억누르고 있었던 기존의 종교, 사상, 이념들로부터 해방시켰으며, 너와 나를 가리지 않고 개방성, 다양성을 가지게 되었으며 사상, 종교, 정치적으로도 상식을 존중하는 원칙을 만들어냈다.

이러한 상식이 통하는 사회에서는 애당초 문화와 종교 간의 충돌이 일어날 수 없었기에 유라시아 대륙에 건설된 대몽골제국이 펼쳤던 남을 이해하고 관용하며 서로의 눈높이를 맞추어 모든 종교를 차별없이 존중하면서 그 당시 살았던 사람들을 하나의 세계 속으로 모아 하나로 통합시켜 버렸다.

즉 인류의 역사상 최초로 하나의 제국(帝國), 하나의 이상(理想)으로 통합하여 서로 어울려 살게 만들어 팍스-몽골리카라를 꽃피웠던 것은 우리 민족이 염원하고 있는 홍익인간, 재세이화를 잠시나마 실현시킨 인류최초의 시도였다고 본다.[22]

이것은 최치원이 난랑비서에서 지적한 바와 같이 우리 민족의 선도(仙道)가 유교, 불교, 도교 등 모든 종교를 품을 수 있는 넉넉한 틀이 아니고서는 감당하기 힘든 것으로 역사적 현실에서 이것을 시도하고 보여준 것에 대하여 필자는 추후 우리 민족이 세계 종교, 사상사에서 이것을 실현할 수 있는 역량을 갖출 수 있는 유일한 민족이 될 수 있다고 본다.

왜냐하면, 이러한 선도의 사상에 대해서 홍만종(洪萬宗)은『해동이적(海東異蹟)』서문(序文)에서 "우리 동방의 산수는 천하에서 제일이라, 세상에서 신선이 살고 있다고 일컫는 삼신산(三神山)이 모두 우리나라 안에 있다. 그러므로 종종 세상을 벗어나 은둔하는 선비들의 신기한 자취를 듣고 볼 수가 있으니 '빼어난 땅에 뛰어난 인물이 난다(地靈人傑)'라는 말이 과연 허튼 말이 아니다."라고 하였으며[23],『순오지(旬五志)』에서 "우리나라로 말하면 세계에서 제일이라고 하여도 과언이 아닐 것이다. 단군, 기자 때로부터 천지의 기운을 먹고 얼굴을 단련하며, 바람을 먹고 이슬을 마시는 사람들이 많았었다. 그러나 이런 일들이 세상 사람들의 숭상을 받지 못하기 때문에 널리 전해지지 않았을 뿐이다. 때문에 물외의 선비들은 이것을 한탄하고 있을 뿐이다."라고 말하고 있기 때문이다.[24]

22) 박원길,「대몽골제국의 국교 Mongke Tenggeri에 대하여 −샤마니즘의 세계종교화−」,『몽골학』제30호, 2011.
23) 홍만종 저, 이석호 역,『해동이적(海東異蹟)』, 을유문화사, 1982.
24) 홍만종 저, 정유진 편역,『우리의 신선을 찾아서-해동이적』, 2010 ; 홍만종 저, 이민수 역,『순오지(旬五志)』, 을유문화사, 1971, p.202.

환웅(桓雄)이 맨 처음으로 백두산 언저리에 신시(神市)를 베풀고 가르쳐 주신 이러한 선도(仙道)가 우리 민족의 한 갈래로 동이족의 시조였던 태호복희씨(太昊伏羲氏)에 의해 중원에 전해져 팔괘(八卦)를 만들었다고 하는데, 그의 무덤은 하남성 회양현에 남아있다.[25] 그 후 자부선인(紫府先人)에 의해 황제(黃帝)에게 전해졌으며 그것이 〈황제내경(黃帝內經)〉으로 남아있다.

『포박자(抱朴子)』에 "옛날에 황제(黃帝)가 있었는데 동(東)쪽으로 청구(靑丘)에 이르러 풍산(風山)을 지나던 중 자부선인(紫府仙人)을 만나 〈삼황내문(三皇內文)〉[26]을 받아서 이것을 가지고 만신을 부렸다."고 한다.[27] 그리고 그 후 우(禹)임금이 도산(塗山) 회의에서 창수사자(蒼水使者)로부터 오행치수법(五行治水法)[28]의 전수받아 황하(黃河)의 홍수를 다스렸다고 한다. 『오월춘추(吳越春秋)』

---

25) 『周易』, 繫辭下, 第二章에 "옛날에 포희씨가 천하를 다스렸다. 하늘을 우러러 상을 관찰하고, 땅을 굽어보며 법을 관찰했다. 금수의 아름다움과 땅에서 자라는 식물들의 마땅함을 관찰하면서 가까이로는 자기 몸에서, 멀리는 만물에서 이치를 찾아냈다. 이리하여 처음으로 팔괘를 만들어, 이로써 신명의 덕에 통하게 하고 만물과 같은 마음이 되게 하였다.(古者包犧氏之王天下也, 仰則觀象於天, 俯則觀法於地, 觀鳥獸之文, 與地之宜, 近取諸身, 遠取諸物, 於是始作八卦, 以通神明之德, 以類萬物之情)"라고 하였는데, 『周易傳義』 易本義圖, 河圖之圖에 "공자가 말하기를 하도는 복희씨가 천하를 다스릴 때에 황하에서 나온 용마에 그려진 문양을 보고 팔괘를 그렸다고 한다.(孔氏曰河圖者伏羲氏王天下龍馬出河, 遂則其文以畫八卦)"라고 하였으며, 『史記』, 卷130, 太史公自序에도 "복희씨는 순박하고 인정이 많았고, 역경의 팔괘를 만들었다.(伏羲至純厚, 作易八卦)"이라고 하였다. 그리고 『詩經集傳』 卷七, 國風, 陳, 一之十二, 宛丘에 "진은 나라이름으로 태호복희씨의 터전이었다.(陳國名大皞伏羲氏之墟)"라고 하였는데, 진(陳)은 현재 하남성(河南省) 회양현(淮陽縣) 지역이다.

26) 현재 전해지는 황제의 『내경(內經)』으로 추정되는데 소문(素問)과 영추(靈樞) 두 부분으로 나뉘며 각각 9권 162편으로 구성되어 있다. 내용은 음양오행 사상에 기초해 고대 자연철학의 의학 이론과 침구 이론을 서술하고 있으며 황제와 기백(岐伯)·뇌공(雷公) 등이 의학문제를 대화로 나누는 형식으로 되어있다.

27) 『포박자(抱朴子)』 지진편(地真篇)에 "昔黃帝東到靑丘 過風山 見紫府先生 受三皇內文 以刻召萬神"고 되어있는데, 청구(靑丘)란 현재 홍산문화가 나타나는 요서, 내몽골 지역으로 《삼성기전하(三聖紀全 下)》에서 14대 자오지환웅이 이곳 청구국(靑丘國)으로 천도하였다고 하며, 그가 바로 치우천왕이라고 한다.(단단학회 편, 『환단고기』, 광오이해사, 1979)

28) 황하의 범람을 막기위해 수(水)를 토(土)와 목(木)으로 막는 것으로 현재 토목(土木) 공사인 제방(堤防)을 쌓는 것을 뜻하는 것이다.

에는 "우임금이 창수사자(蒼水使者)를 만나 금간옥첩(金簡玉牒)을 받아 그것으로 황하의 치수를 성공했다"고 되어 있다.[29] 이러한 사실이 『좌전(左傳)』 애공 7년, 『죽서기년(竹書紀年)』 우왕 5년조에도 기록되어 있고, 『응제시주(應製詩註)』, 『세종실록(世宗實錄)』 154권, 지리지(地理志), 평안도 평양부 영이(靈異), 『동사(東史)』 단군본기(檀君本紀) 등에는 단군왕검의 큰 아들로 2대 단군이 되었던 부루(夫婁)가 도산(塗山)에서 우(虞)임금을 만나 치수에 대한 비책인 금간옥첩을 전해 주었다고 되어있어, 우리 민족의 전통종교였던 선도(仙道)의 핵심 중 일부분이 중국인들이 조상으로 섬기는 태호복희[30], 황제헌원과 우임금[31] 등을 통해서 중국으로 흘러 들어갔음을 알 수 있다.

산동지역에는 동이족의 BC 4000~BC 2500년 전의 대문구문화(大汶口文

---

29) 우(禹)가 이에 동쪽으로 순행하여 형악(衡嶽)에 올라 백마(白馬)의 피로 제사를 지냈다……꿈에서 붉게 수놓은 옷을 입은 남자를 보았는데 자칭 현이(玄夷)의 창수사자(蒼水使者)라 하였다……우(禹)는 물러나와 삼개월동안 목욕재계하였다. 경자일(庚子日)에 완위산(宛委山)에 올라 금간(金簡)의 책을 발견하매 금간(金簡)과 옥자(玉字)로 되어 있었으니 통수(通水)의 이치를 얻은 것이었다.(禹乃東巡 登衡嶽 血白馬以祭…因夢見赤繡衣男子 自稱玄夷蒼水使者 …禹退又齊三月 庚子登宛委山 發金簡之書 案金簡玉字 得通水之理 : 『吳越春秋』越王 無余 外傳, 第六)

30) 중국의 한족(漢族)은 원래 섬서성(陝西省) 서안(西安) 반파유적을 중심으로 일어난 화하족(華夏族)으로 주원(周原: 歧山)에 있었던 주(周)나라가 동이족의 은(殷)나라를 멸망시키고 봉건제도를 실시하면서 그들의 조상을 황제헌원씨로 조작하고 있다. 그리고 태호복희씨가 산동성(山東省) 수구(壽丘: 曲阜)에서 태어난 것을 감숙성(甘肅省) 천수(天水)로 바꾸어 놓았다.

31) 『사기(史記)』 오제본기(五帝本紀) 제1에 "黃帝者, 少典之子, 姓公孫", 『환단고기(桓檀古記)』 「삼한관경본기(三韓管境本紀)」에는 "熊氏之所分曰少典", 『국어(国語)』 권제10, 진어(晋語四)편에는 "昔少典娶于有蟜氏, 生黃帝, 炎帝" 등의 기록으로 보면 황제헌원과 염제신농은 환웅 당시 웅족의 후예인 소전의 아들로 되어있다. 다시말해서 신농(神農)은 소전(少典)의 아들이고 강수에서 자랐기에 강씨를 성으로 삼았다고 하였으며 황제(黃帝)도 소전(少典)의 별파인 공손(公孫)씨의 후손이라고 하였다. 산동성 곡부에 자리잡은 신농의 후예인 유망(楡罔)이 쇠락해지자 치우천왕(蚩尤天王)이 그곳을 차지하였는데, 이때 황제가 쳐들어와 탁록에서 싸우게 된다. 이 전투에서 치우비(蚩尤飛)라는 자가 잡혀 죽게 되었는데 이것을 마치 치우천왕이 잡혀죽은 것처럼 조작하고 있다. 산동지역의 문상현에 자리잡은 치우천황이 죽은 후에 황제에게 밀려나게 된다. 그런데 우(禹)의 아버지는 곤(鯀)이고 할아버지는 전욱(顓頊)이다. 또 전욱은 황제의 손자이다. 즉 황제와 우는 동이족인데도 이들을 분리하여 한족(漢族)들의 조상으로 조작하고 있는 것이다.(김선자 지음, 『만들어진 민족주의 황제신화』, 책세상, 2007)

化)라는 신석기문화가 존재하고 있는데 이곳에서 나온 토기에 그려져 있는 회화문자에는 와 같이 위에는 태양, 아래에는 산을 상징하는 그림이 그려져 있어 태산의 일출을 나타내고 있다. 이것은 우리 민족과 같은 태양을 숭배하던 광명사상을 나타내는 것으로 동이족들은 해뜨는 산인 태산에 올라 하느님께 제사를 드려왔던 것이다. 그런데 북애자(北崖子)는 『규원사화』에서 "《맹자(孟子)》에 '순임금은 동이사람이다.(舜東夷之人也)'라고 하였고,《상서(尙書)》에서는 순이 드디어 상제(上帝)에게 섭위(攝位)한 일을 고하는 제사를 드리고 육종(六宗)에 제사를 지내며 차례로 산천과 여러 신들에게 두루 제사를 지냈다고 한다. 이것은 일찍이 순임금 이전에는 없었던 일로 이는 혹 동방(東方)에서 제천보본(祭天報本)하는 예식과 산악하천(山嶽河川)이나 못에다 명(命)을 받들고 거느리던 신이 있는 것에 근원한 것이다"라고 하였다.[32]

중국의 황하문명을 일으킨 BC 1600~BC 1046년 전의 상(商, 殷)나라는 동이족인 탕(湯)이 세운 나라로 우리 민족과 같이 그의 어미 간적(簡狄)이 현

무씨사당 후석실 2석의 환인의 천부인과 환웅 천강도(朱錫祿, 앞책, p.36)

32) 북애자 저, 신학균 역, 『규원사화(揆園史話)』, 명지대학교 출판부, 1975, p.79.

조(玄鳥)의 알을 삼키고 그들의 시조인 설(契)을 낳았다고 한다. 그리고 동이족인 서이(徐夷)의 왕으로 36국을 평정했던 서언왕(徐偃王) 또한 『박물지(博物志)』에 서군(徐君)의 궁인(宮人)이 알을 낳으니 상서롭지 못하다고 하여 물가에 내다 버렸다. 어떤 사람이 이것을 주워서 따뜻하게 감싸주었더니 아이가 나왔는데 그 이름을 언(偃)이라 하였다. 그 아이를 데려다가 대를 잇게 하여 서군으로 삼았다고 한다. 이것은 동명, 고주몽, 김수로왕, 박혁거세, 석탈해 등과 같은 계열의 난생신화(卵生神話)를 가지고 있다.

더구나 이들은 갑골, 흰옷, 순장, 향당, 하늘제사(祭天) 등을 사용하였는데 그중에서 갑골(甲骨)[33]은 왕이 국사를 결정할 때 샤만에게 가서 신탁을 할 때

무씨사당화상석의 환웅과 풍백,우사,운사 및 고시(상동)

33) 갑골은 요서지역의 홍산문화, 하가점문화와 산동지역의 대문구문화와 하남성의 은나라를 비롯하여 몽골, 만주, 한반도 등에서 나타나고 있다.

사용하였던 것이며 이러한 신탁행위는 중국인들의 조상인 주(周)[34]나라가 은나라를 멸망시킨 이후에는 행해지지 않고 있다. 그러나 몽골, 한국, 일본 등의 고대문화에서는 널리 사용되었다. 그리고 향당(享堂)이란 묘 위에 지어지던 사당으로 주나라 이후 중국인들의 묘제에서는 나타나고 있지 않지만 고구려의 장수왕의 무덤인 장군총(將軍塚) 뿐만 아니라 우리계통의 중산국(中山國)의 왕릉, 소호금천(少昊金天)의 묘, 은(殷)나라 왕묘 등에서도 잘 드러나 있다.

우임금이 단군왕검의 아들인 부루로부터 받아 나라를 다스리는 근본으로 삼았던 홍범구주(洪範九疇)[35]를 은나라 기자(箕子)가 주(周)나라 무왕(武王)에게 전해 준 것으로 알려져 있으나, 그는 조선으로 달아났거나 미치광이 노릇을 했다고 전하고 있다. 이미 달아난 자가 다시 와서 가르쳐 주었다는 것은 모순이다. 순리적으로 보다면 주나라 무왕이 은나라를 멸망시킬 당시 그에게 투항한 자가 바로 미자(微子)인데 그는 송(宋)나라에 분봉이 되어 은나라 왕실의 제사를 지내게 된다.[36] 그가 바로 은나라 왕실에 비전으로 내려오고 있는 홍범구주를 가르쳐 준 자이며 그의 후예가 공자이다.

왜냐하면 『춘추좌씨전(春秋左氏傳)』 공영달(孔穎達) 소본(疏本)의 환공(桓公) 원년조(元年條)에 보면 공자의 육대(六代) 조인 공부가(孔父嘉)는 송나라에서 군정(軍政)의 일을 맡아 보는 사마(司馬) 벼슬을 하고 있었는데 그의 아름다운 처를 탐낸 태재(太宰) 화부독(華父督)은 공부가의 집을 공격하여 공부가를

---

34) BC 1046~BC 771년전의 西周와 BC 771~BC 256년전의 東周로 나누어진다.
35) 『죽서기년(竹書紀年)』에 "낙서(洛書)나 귀서(龜書)는 바로 홍범(洪範)이다."라고 하였고, 『한서(漢書)』오행지(五行志)에는 "우임금이 낙서(洛書)를 받아 홍수(洪水)를 다스렸는데 바로 구주(九疇)이다."라고 하여 고조선의 정진법(井田法)처럼 전국을 구주(九州)로 나누고 홍범구주로 나라를 다스리는 근본으로 삼았던 것이다.
36) 『史記』卷三十八 宋微子 世家 第八.

살해하고 미모의 아내를 빼앗아 살게 되었다. 후일이 두려웠던 그는 살해한 공부가의 후손을 찾아서 마저 죽이고자 하였다. 이 사실을 알아차린 공부가의 손자인 공방숙(孔防叔)이 송(宋)나라로부터 노(魯)나라에 피신하여 살게 되었으니 그가 바로 공자(孔子)의 증조부(曾祖父)였기 때문이다.

공자의 유학이 요순(堯舜)의 도를 이은 것으로 보고 있는데 『맹자(孟子)』이루장(離婁章)에서는 "순임금은 동이사람이다(舜東夷之人也)"라고 하여 그의 도가 동이족의 사상에서 유래되었음을 보여주고 있다.

『삼국사기(三國史記)』 권4, 신라본기(新羅本紀), 진흥왕(眞興王) 37년(576)조에 인용된 최치원의 난랑비서문(鸞郞碑序文)에는 "우리나라에 현묘한 도가 있으니, 말하기를 풍류(風流)라 한다. 이 종교를 일으킨 연원은 선사(仙史)에 상세히 실려 있거니와, 근본적으로 유(儒), 불(佛), 선(仙) 등 삼교(三敎)를 이미 자체 내에 지니어, 모든 생명을 접하여 저절로 감화시킨다. 집에 들어온 즉 효도하고 나아간 즉 나라에 충성하니, 그것은 노사구(魯司寇: 공자)의 교지(敎旨)와 같다. 하염없는 일에 머무르고, 말없이 가르침을 실행하는 것은, 주주사(周柱史:노자)의 교지와 같다. 모든 악한 일을 짓지 않고 모든 선한 일을 받들어 실행함은 축건태자(竺乾太子:석가)의 교화(敎化)와 같다."고 하였다.[37]

공자(孔子)의 유교는 요(堯)순(舜)의 사상을 집대성한 것이라고[38] 하였는데 『맹자(孟子)』이루장구하(離婁章句下)에서 "순임금은 동이사람이다(舜東夷之人也)"라고 하였고, 요임금 또한 황제헌원의 후손이며 제곡고신의 아들로 동

---

37) 國有玄妙之道曰風流, 說敎之源備詳仙史, 實乃包含三敎接化群生, 且如入則孝於家出則忠於國, 魯司寇之旨也, 處無爲之事行不言之敎, 周柱史之宗也, 諸惡莫作諸善奉行, 竺乾太子之化也.(『三國史記』卷4, 新羅本紀, 眞興王 37年)
38) 仲尼祖述堯舜, 憲章文武(『中庸』, 第三十章) ; 儒家者流, 蓋出於司徒之官, 助人君順陰陽明敎化者也. 遊文於六經之中, 留意於仁義之際, 祖述堯舜, 憲章文武, 宗師仲尼(『漢書』, 卷30, 藝文志) ; 孔子之謂集大成, 集大成也者金聲而玉振之也(『孟子』, 卷10, 萬章句下)

이족이다. 더구나 공자는 노나라 사람이 아니라 본시 송나라 사람인데 이곳은 주 무왕이 은나라를 멸망시킨 후 은나라의 왕족인 미자(微子)를 송(宋)나라에 봉했던 것이다. 이는 은나라가 동이족이므로 공자 또한 그 혈족이 되는 것이다.

노자(老子)는 초(楚)나라 사람이며 그 당시 오(吳)·월(越)·초(楚)는 산동지역에 자리 잡았던 동이족의 맹주인 치우천왕(蚩尤天王)[39]이 죽은 이후에 황제(黃帝)의 세력에게 밀려 남쪽으로 이동한 족속들이다. 이 당시 한족들의 조상인 주(周)나라가 동이족의 은나라를 멸망시키고 봉건 제후들을 임명할 때에도 이 지역은 거의 제외되고 있어 오랑캐로 여겨졌던 곳으로 묘족은 자기들의 조상을 치우천황이라고 하며 산동성, 절강성, 호북성 등에만 고인돌이 남아있어 이것을 증명해 주고 있다.

노자의 『도덕경(道德經)』 제42장에 "도는 하나를 낳고, 하나는 둘을 낳고, 둘은 셋을 낳고, 셋은 만물을 낳는다.(道生一, 一生二, 二生三, 三生萬物)"고 하여 천부경의 "하나의 시작은 무에서 시작하고 그 하나가 삼태극으로 쪼개어지니 본래 그것은 무궁무진한 것이었다. 첫째 하늘은 하나요 둘째 땅도 하나요 셋째 사람도 하나이니 하나가 모여 열개로 커지지만 무극(无極)의 우주는 셋이 변화된 것이니라.(一始無始, 一析三極, 無盡本, 天一一, 地一二, 人一三, 一積十鉅, 無櫃化三)"는 사상과 통하고 있다. 그런데 선도의 신선설(神仙說)은 춘추시대의 12경(十二經)[40]이나 노자(老子)에도 없으며, 전국시대의 장자(莊子)에 와서야 비로소 나타나고 있으며 초사(楚辭)[41]에서도 보이고 있다. 이것이 중국적

---

39) 『綱鑑金丹』: 蚩尤姜氏, 炎帝之裔也.

40) 詩經, 書經, 易經, 禮記, 春秋, 論語, 孟子, 周禮, 孝經, 中庸, 大學 등의 유교경전을 말한다.

41) 초사(楚辭)란 전국시대 초(楚)나라 사람이었던 굴원(屈原), 송옥(宋玉) 등이 지은 시가를 말하는 것으로 한나라 사람들이 모방한 작품들까지 모아서 전한(前漢)시대의 유향(劉向)이 편찬한 책이다.

인 민간신앙과 습합되어 도교로 정형화시켜나가면서 우리의 선도와는 멀어져 갔다.

진시황(秦始皇)이 중국의 통일을 이룩하고 황제(皇帝)를 칭하면서 자기의 권위를 만천하에 과시하고자 태산에 올라 제사를 드리게 되었으니 그것이 봉선(封禪) 의식이며 그 연원은 동이족이 된다.[42] 이와 같이 중국의 동부연안에서는 동이족에서 시작된 선도의 아류들이 진시황에게 불로초(不老草)를 구해주겠다던 서불(徐市)을 비롯하여 여러 방사(方士)들로 속출하기 시작하였다. 이것이 후일에 민간신앙으로 퍼지면서 중국 도교로 발전해 나가게 되는 것이다.

특히 전한(前漢)시대에 문제(文帝), 경제(景帝), 무제(武帝) 등이 방사들의 설에 현혹되어 신선의 방술(方術)에 빠지게 되었다. 이것에 대해서 북애자는 『규원사화(揆園史話)』에서 "대개 신시(神市) 이후 신령한 감화가 해를 따라 깊어지니 나라를 세우고 세상을 다스리는 근본이 사람과 나라로 더불어 매우 달랐다. 그 신령한 풍속과 거룩한 생활 태도가 멀리 중국 땅에까지 전파되어 그 사람들이 신령한 감화를 사모하는 자가 반드시 삼신(三神)을 추앙하여 동북에 신명지사(神明之舍)라 하는 것이 있었다. 그러나 끝에 가서 폐단이 있었으니 점점 허무맹랑한데 빠져 후세에 이상한 말이 번거롭게 나왔다. 연(燕)나라와 제(齊)나라의 바닷가에 신선(神仙)의 술법을 닦는 이상한 사람들이 나왔다."라고 하여 선도가 중국으로 전파된 경위와 요사스러운 방사(方士)들이 나타나기까지의 경위를 설명해주고 있다.[43] 그러므로 이능화는 『조

---

42) 동이족은 주로 중국의 산동반도를 중심으로 한 동부해안 지역에 자리잡고 살았다. 그중에서도 대문구문화에는 나오는 상형문자가 새겨진 토기 중에서 태양이 산 위에서 떠오르는 모양을 그린 글자가 있다. 여기에서 산은 태산을 상징하는 것이다. 즉 이곳의 회이, 서이, 도이, 우이 등의 동이족들은 태산에 올라 하늘에 제사를 드렸던 것이다.
43) 북애자 저, 앞책, p.76.

선도교사(朝鮮道教史)』에서 우리나라의 선도가 중국 도교의 기원이 되었다고
주장하고 있는 것이다.[44]

　BC 3,000년경의 인더스(Indus) 문명으로 잘 알려진 파키스탄의 하랍파
(Harappa) 유적을 필자가 방문하여 보니 그곳에 전시되어 있는 여인상은 현
재 인도의 아리안 계통이 아니라 몽골리안 계통이었다. 더구나 그곳에 전시
된 토기에는 우리 민족의 상징인 봉황이 그려져 있었다. 현재 인도를 이루
고 있는 아리안족은 코카사스지역에서 서쪽으로 유럽으로 이동하여 갔고

인더스문명과 아리안족의 침입

44) 이능화 저, 이종은 역, 『조선도교사(朝鮮道教史)』, 보성문화사, 2000, pp.23~24, 50~52.

동쪽으로는 BC 15~13세기경 인도로 들어오면서 인더스 문명인들을 공격해 들어왔다.

이들에 의해 남부지역으로 밀려나게 된 인더스 문명인들은 드라비다(Dravida)족이라고 부르며 타밀(Tamil)주에 주로 분포하게 되었는데 매우 영성이 뛰어나며 늘 인도 북부의 문명과 대치해 독자적인 문명권을 형성해 나갔는데 이 지역에만 우리와 같은 고인돌, 석관묘의 묘제들이 존재하고 있다. 더구나 유전자와 언어 또한 400여 개 이상이 우리 민족과 같다.[45]

심지어 가야(加耶)의 김수로왕(金首露王)을 찾아와 결혼한 인도(印度) 아유타국(阿踰陀國)의 공주 허황옥(許黃玉) 또한 이 지역에서 건너왔을 것으로 보고 있다. 그녀와 함께 온 오라버니 장유화상(長遊和尙)에 의해 소승불교가 전해졌다고 한다. 현재 김해 흥국사에는 초기불교의 조각인 사왕(蛇王)이 있고, 허왕후가 가져온 파사석탑(婆娑石塔) 또한 이 지역의 석재이며, 초선대(招仙臺)[46]에 그려져 있는 불족적(佛足迹)과 가야 2대 왕인 거등왕의 회상이라고

45) 벼(稻)는 Biya, 풀(草)은 Pul, 알(粒)은 Ari, 가래(農器具)는 Karu, 아빠(父)는 Appa, 엄마(母)는 Amma, 언니는 Annai, 맘마(乳兒食)은 Mammu, 얼(情神)은 Ul, 궁둥이는 Konti, 눈(眼)은 Nuni, 피(血)는 Pay, 목(首)는 Mak, 말(語)는 Marru, 나(我)는 Nan, 살(年)은 Sal, 날(日)은 Nal, 나라(國)은 Nar, 비(雨)는 Pey, 몽땅(全部)은 Mottam, 가라(黑)는 Kar, 아이고(擬聲語)는 Aigo, 암(肯定語)는 Am, 아(感歎詞)는 A, 아파(痛)는 Aapaa, 우주(宇宙)는 Uru, 이리와는 Ullewa, 쌀(米)은 Sal, 밥(飯)은 Bab, 씨(種)는 Pci, 사래(밭고랑)는 Salai, 모(茅)는 Mol, 메뚜기는 Meti 등과 까꿍은 까꿍, 곤지곤지, 도리도리 등도 있다. 그리고 막걸리, 떡, 공기놀이, 윷놀이 등도 우리와 같다. 존칭어가 있고 어순이 우리와 같다.(강길운, 『고대사의 비교언어학적 연구』, 한국문화사, 2011; 「가야어와 드라비다어와의 비교(1)」, 『언어』 Vol.3, 1982; 「가야어와 드라비다어와의 비교(2)」, 『수원대학교 논문집』 Vo.1, 1983)

46) 『동국여지승람(東國輿地勝覽)』에 금관가야 2대왕인 거등왕이 이 부근의 칠점산의 선인을 초대하여 이곳에서 가야금과 바둑을 즐겼다고한다. 왕이 앉았던 연꽃무늬의 자리와 바둑판 자욱이 남아있다고 전하지만 지금은 확인할 길이 없다. 초선대 암벽 끝에 마애불이 새겨져 있는데 거들왕이 모습이라고 전해진다. 그리고 『편년가락국기(編年駕洛國記)』에는 거등왕이 즉위하던 199년에 선견(仙見)이라는 왕자가 신녀(神女)와 더불어 구름을 타고 떠났다. 왕이 강변의 바위에 올라가 선견왕자를 부르는 그림을 새겼다. 그래서 속세에 전해지기를 왕초선대(王招仙臺)라고 부른다고 하였다.

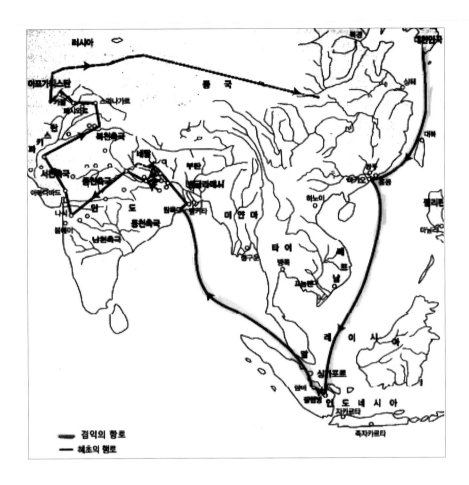

새겨진 석상은 입술이 두툼하여 인도인과 비슷한 형상을 하고 있다. 그리고 수로왕릉(首露王陵)에 남아있는 태양문(太陽紋)과 쌍어문(雙魚紋) 등도 인도지역의 것과 같다. 더구나 서울대학교 의과대학 서정선 교수가 2004년 김해 예안리고분의 인골을 분석한 결과 남방계로 특히 인도의 타밀주에서 온 사람과 거의 일치하고 있다고 한다.[47]

인도에서 가야로 오는 항로에 대하여 의구심을 가지고 있으나, 필자는 백제(百濟)시대에 무령왕(武寧王)은 중국에서 수입된 율장의 결함을 보충하기

---

47) KBS역사스페셜제작팀, 『우리역사, 세계와 통하다』, 가디언, 2011,

위해 겸익(謙益) 스님을 인도로 파견하여 성왕(聖王) 4년(526)에 되돌아온 것으로 보아 충분히 가능하다고 보고 있다. 왜냐하면 『미륵불광사사적(彌勒佛光寺事蹟)』에 의하면 "겸익은 중인도(中印度) 상가나대불사(常伽那大律寺)에 이르러 범문(梵文)을 배우기 5재에 인도어(竺語)에 통효하였고 또 율부를 심공하여 개체를 장임한 후 범승(梵僧) 배달다삼장(倍達多三藏)과 더불어 범본(梵本) 아미담과 오부율을 가지고 귀국하였다."고 하였기 때문이다.[48] 더구나 신라의 혜초(慧超) 또한 723년경 이 항로를 통해서 인도로 갔으며, 동진(東晋)의 법현(法顯, 414~500)은 이 항로를 통해 인도에서 중국으로 돌아왔다.

현재 인도를 이루고 있는 아리안(Aryan)족은 기원전 1,300년경 인도로 쳐들어와 인더스문명인들을 무찌르고 갠지스(Ganges) 문명을 일으켰으며, 그들은 독특한 카스트(Caste) 제도와 브라만교(Brahmanism)를 가지고 있었다. 그런데 불교를 창시한 석가모니를 배출한 석가족은 아리안족이 아니라 인더스문명인들이 네팔, 티벳으로 흩어진 일파일 가능성이 매우 높다.[49] 왜냐하면 불교나 자이나교는 이들과는 다른 사상체계를 가지고 있었기 때문에 카스트제도를 타파하고 평등주의를 주장하고 있는데, 이들은 네팔의 국경

인더스문명의 시바신과 요가

지역으로 흩어져 있었던 인더스 문명인의 후예일 가능성이 높다.

인더스(Indus) 문명에서 발견된 유물 중에서는 시바(Shiva) 신으로 추정되는 유물의 머리에 소뿔 형상을 하고 있는 인물이 요가 자세를 하고 있는 것이 발견되었다. 현재는 아리안

---

48) 오순제, 『한성백제사 제조명 II』, 수동예림, 2012, pp.35~36.
49) 한창건, 『석가모니는 단군족이었다』, 홍익출판기획사, 2002.

우하량유적 여신상의 가부좌

인더스문명 하랍파의 여인상

족인 인도의 전유물처럼 되어 있는 요가(Yoga) 또한 인더스문명에서 시작된 것이었음을 알 수 있으며 이러한 형상이 우하량 여신상(牛河梁女神像)에서도 확인되고 있다. 더구나 인도인들인 아리아인들이 가장 많이 믿고 있는 시바 또한 인더스 문명인들이 믿었던 신(神)이었음을 알 수 있다.

수메르(Sumer) 문명은 서양과 중동 문명의 시작으로 BC 3,500년 전 중앙아시아로부터 이동해 왔다. 수메르라는 뜻은 '검은머리 사람들(Black-head-ed People)'이라는 뜻이며 우리 민족과 같이 후두부가 편평하다. 그들이 남긴 점토판에는 '안샨(Anshan)에서 넘어왔다'고 하는데 '안'은 하늘(天)[50], '샨'은 산(山)을 말하고 있는 것으로 천산(天山)으로부터 이동해 왔다는 것을 알 수 있다. 이들의 여러 도시들은 신을 숭배하였는데 그 중에서도 유대인들의 조상인 된 아브라함이 떠난 우르는 천신(天神)인 안(An, Annu)을 섬겼는데 이것은 한민족의 최고의 신인 '하느님', '하나님'이 "한(桓, 韓)"에서 나온 것

---

50) 안(AN), 안나(ANNA), 아나(ANA) 등의 의미는 '높다', '높은 평원', '사막의 구릉', '꼭대기의 정상', '하늘', '들려 높은 곳' 등이다.(Samuel Noah Kramer, *The Sumerians*, (Chicago : The University of Chicago Press, 1963), p.302)

아담과 이브, 뱀, 생명나무

(원용국, 『구약편성서고고학』, 경향문화사, 1983, p.169)

과 같은 것이다.[51] 이들의 신전은 지구랏(Ziggurat)[52]이라고 하여 계단식 피라밋의 형태를 지니고 있는데 이것은 홍산문화의 우하량 적석총(牛河梁積石塚), 고구려의 장군총(將軍塚), 가야의 구형왕릉(仇衡王陵) 그리고 북미 인디언의 신전[53], 마야·잉카·아즈

메소포타미아의 지구랏

51) '환(桓)'이란 광명, 환하게 빛나는 것으로 그 형체를 말함이요, '인(因)'이란 본원, 곧 근본으로, 만물이 이로 말미암아 나는 것을 뜻함이다.(北崖子 저, 신학균 역, 『揆園史話』, 명지대학교 출판부, 1978, p.18)

52) 구약성서에서는 '바벨(Babel)'이라고 부르는데 이 말은 원래 아카드어로는 '바빌루(Balbliu)'로 '신(神)의 문(門)'이라는 뜻이다. 이것은 수메르인들이 원래 고산(高山)지대에서 왔기에 평지만이 있는 곳에 인조(人造)로 산(山)의 형상을 만들었던 것으로 우리 민족이 백두산과 같이 큰 산에 하느님이 계시다고 생각했던 고산숭배사상(高山崇拜思想)을 가지고 있었음을 보여주고 있는 것이다.(김상일, 앞책, 1987, pp.347~348)

53) 미국의 일리노이주의 카호키아 마운드(Cahokia Mounds), 조지아주의 에토와 마운드(Etowah Mounds), 웨스트버지니아주의 그레이브크릭 마운드(Grave Creek Mound) 유적 등에서 흙으로 축조된 거대한 고분들 위에 목조건물이 지어져 있었음이 밝혀졌다. 특히 카호키아의 몽크스마운드(Monks Mound)는 높이 28.1m, 길이 291m, 폭 236m로 세계 최대의 피라밋으로 2단이 남아있으나 원래는 4단으로 되어있었을 것으로 추정된다.

텍의 계단식 신적(階段式神殿) 등과 매우 흡사하다.[54]

수메르인들은 우리 민족과 같이 검은머리(黑髮)에 직모(直毛)로 서구인에 비하여 체구가 작고 후두부(後頭部)가 편평하였을 뿐만 아니라 동이족의 대문구문화처럼 회도(灰陶)를 사용하였다고 한다.[55] 그리고 수메르문명은 초

남해 낭하리의 회화문자

수메르어			설형문자		발음	의미
원형	변형	고어	일반어	아시리아어		
					KI	지구 땅
					KUR	산
					LU	하인 남자
					SAL MUNUZ	외음부 여성
					SAG	머리

수메르어의 변화(제카리아 시친, 앞책, 2004)

54) 김상일, 『인류문명의 기원과 한』, 가나출판사, 1988.
55) 문정창, 『한국, 슈메르, 이스라엘의 역사』, 백문당, 1979.

기에는 경상남도 남해(南海) 낭하리(郎河里)의 회화문자[56]나 동이족의 대문구 문화나 은(殷)나라처럼 상형문자(象形文字)를 사용하였는데 후대에 와서는 점차 주역의 괘(卦)와 효(爻)와 같은 쐐기문자(楔形文字)로 발전해 나갔다.[57] 더구나 동이족의 은나라처럼 태음력(太陰曆)을 사용하였고 순장제도가 있었으며 은나라 사람들이 10간 12지를 상용한 60간지를 사용한 것처럼 60진법을 사용하였다.[58]

그외에도 씨름, 물동이를 머리에 이는 것 등이 같으며 교착어(膠着語)를 사용하고 있다. 현재 교착어는 터어키, 한국어, 일본어 등이 있는데 그중에서도 한국어와 300개 정도가 일치하고 있어 가장 밀접하다.[59] 이들은 소머리

수메르족의 씨름과 고구려벽화의 씨름

56) 정인보, 『조선사연구』, 서울신문사, 1947, pp.322~323.
57) 제카리아 시친 지음, 이근영 옮김, 『수메르, 혹은 신들의 고향』, 이른아침, 2004.
58) 손예철, 『갑골학연구』, 박이정, 2016, p.588.
59) 한국어는 수메르어와 어순, 수사, 언어특색, 문법순서 등이 모두 일치하지만, 일본어는 3가지는 일치하지만 수사(數詞)만은 일치하지 않고 있다. 수메르어에서 아빠(父)는 Abba, 얼은 Ala, 한은 An, 반(半)은 Ba, 밝(明)은 Bab-bar, 빛(光)은 Bir, 달(月)은 Dal, 닭(鷄)은 Dar, 둑(洑)은 Du, 가(家)는 Ga, 검(劍)은 Gam, 길(路)은 Gir, 글(文)은 Gul, 군(郡)은 Gun, 굴(窟)은 Gur, 칼(刀)는 Kar, 마(馬)는 Ma, 무(巫)는 Mu, 남(生)은 Nam, 님은 Nim, 살(歲)은 Sal, 수(數)는 Shu, 수(手)는 Su, 위(上)은 U, 읍(邑)은 Ub, 이웃은 Ib, 엄마(母)는 Umma, 자네는 Zae, 씨(種)는 Zi 등이 우리말과 같다.(김상일, 『인류문명의 기원과 "한"-세계문명의 뿌리, 그 한국적 맥락』, 가나출판사, 1987)

를 숭상하고 있는데 우리말에 '소머리(牛頭)'에서 '수메르'가 나왔다고 보기도 한다. 왜냐하면 일본신화에서도 '소시머리(曽尸茂梨)'라는 것이 나오고 있으며 그곳이 현재 경상남도 거창군 가조면에 있는 가야산의 우두봉(牛頭峯)으로 비정되고 있기 때문이다.

길가메쉬 점토판

수메르지역에서 나온 점토판에 새겨져 있는 '길가메시의 신화'에는 천지창조, 노아의 홍수 등이 나타나고 있으며 유물에서는 뱀, 여자, 남자 등이 등장하는 에덴(Eden) 동산의 형상이 그려져 있는 유물도 발견되고 있다. 수메르는 1, 2, 3왕조로 나누어지는데 히브리인[60]의 조상인 아브라함은 수메르민족이 가장 마지막으로 세운 우르왕조(BC 2047~BC 1940)의 멸망 직전에 그의 아비 데라와 형제들과 함께 메소포타미아 남부 갈데아(Chaldea)[61]의 우르(Ur)를 떠나 현재 터어키 남부의 하란(Haran) 지역으로 이동하게 되었다.[62]

탈무드에는 아브라함의 아비 데라(Terah)는 난나(Nana)라는 달신(月神)을 섬겼고 우상을 만들어 장사하였던 자로 되어있다. 더구나 여호수아 24:2에

60) 창 14:13에 히브리사람 아브라함이라고 하는데 히브리인이란 Amarna 점토판에는 '아피르(Apiru)', 아마르나문서에는 '하비루(hbr) 등으로 소속이 없이 떠도는 사람들이라는 뜻이다.(최창모, 『이스라엘사』, 대한교과서주식회사, 1994, pp.34~36)
61) 성서에서는 우르를 특별히 '갈대아 우르'라고 부르고 있는데, 여기에서 '갈대아'(아카드어는 kaldu; 히브리어는 '카스딤')는 남부 메소포타미아의 유프라테스 강과 티그리스 강 주변의 늪지대나 호수 지역에 거주하였던 유목민들을 지칭하였던 것이다.
62) 『삼성기전(三聖記全)』 하편(下編)에 천해(天海: Baikal Lake)의 동쪽에 있는 환인(桓仁)의 나라였던 12개국 중에 수밀이국(須密爾國), 우루국(虞婁國) 등이 존재하고 있다고 하여 수메르족이 이곳에서 출발하였을 가능성이 높다.(단단학회 편, 『환단고기』, 광오이해사, 1979)

이스라엘 민족의 조상인 아브라함의 이동경로

"하나님 여호와의 말씀에 옛적에 너희 조상들 곧 아브라함의 아비, 나홀의 아비 데라가 강 저편에 거하여 다른 신을 섬겼으나[63] 내가 너희 조상 아브

---

63) Abraham, the son of the idol-maker Terah (Gen. R. xxxviii. 13), was, like his father, a thorough-going idolater, being chiefly devoted to the worship of the stone idol called Merumat ("Eben Marumah," stone of deceit and corruption). But on a journey to a place near Fandana (Padanaram), some of his idols were smashed, and having long felt misgivings as to their power, he became convinced of the unreality of such deities. Henceforth he fearlessly propagated this new truth, defending it even against his own father, whom he in vain endeavored to convert. He threw the wooden idol Barisat — ("Son of the Fire") — into the flames, and when remonstrated with declared that it must have thrown itself in, in order to hurry the boiling of the food (compare a similar anecdote related of Abraham in Gen. R. xxxviii. 13). But not even this argument influenced his father; and his more elaborate ones in favor of monotheism, which almost to the very letter are identical with those found in the Midrash (Gen. R. l.c.), also proved futile. Finally God told Abraham to leave his father's house, which, no sooner had he done, than it was consumed by fire, as was also his father. The Biblical "Ur of the Chaldees" (Gen. xi. 31, xv. 7) is here interpreted as the fire of the Chaldees, and later in fuller detail in the Book of Jubilees, and still more fully in the Midrash, Gen. R., and in Pes. 118a. In the last passage the account of the death

라함을 강 저편에서 이끌어 내어 가나안으로 인도하였다"라고 하여 아브라함의 조상들은 하나님을 믿지 않았음[64]을 보여주고 있다. 그러므로 우르지역의 신이였던 '안(An: 天神)'인 하나님만을 믿고 있었던 아브라함(Abraham)은 하나님의 지시로 아비를 일찍 잃은 조카 롯을 데리고 가나안 지역으로 이동하게 되었다.[65] 그의 아들인 이삭에서 야곱을 통해서 이스라엘 12지파가 탄생하게 되었고, 이삭의 배다른 형인 이스마엘의 12아들에서 현재 아랍민족이 탄생하게 되었다고 한다.[66]

---

of Haran and of the miraculous escape of Abraham from the fire of the Chaldees is based on a combination of this Apocalypse with the Book of Jubilees. (Funk & Wagnalls, *Jewish Encyclopedia*, N.Y, 1906)

64) 하란 지역은 월신(月神)인 신(Sin)을 섬기던 지역이였으며, 유대인들의 경전인 탈무드에는 아브라함의 아비 데라(Terah)가 이곳에서 우상을 만들어서 팔아 부자가 된 사람이라고 되어있다. 하나님께서 우르(Ur)를 떠나게 하신 것은 그가 가졌던 유일신사상(Monotheism)이 우상숭배 사상에 오염될 것을 염려한 것이다.

65) 하나님(唯一神)을 나타내는 "야훼(Yahweh),여호아(Jehovah)"는 모세가 시내산에서 하느님께 이름을 여쭈어보자 "나는 스스로 있는 자요, 나는 나다(I am who I am)"라고 말씀하게 되면서 알게된 것이고, 그 이전에는 하나님(天神)을 나타내는 "엘(El), 엘로힘(Elohim)"이라고 불렸다. "엘"은 "신" 또는 "하나님"이라는 뜻이고 "엘로힘"는 엘의 복수형으로 "위엄있는 하나님" 또는 "신들" 그리고 "삼위일체 하나님에 대한 암시적 표현"으로 보기도 한다. 구약 히브리 성서에 엘로힘은 2,200번 사용되고 있으며, 엘은 230번 정도 사용되고 있다. 엘은 고대 가나안 다신교에서 만신전의 주신(主神)의 이름으로도 나타나고 있다. 더구나 이스라엘 하나님을 지칭하던 "야훼(Yhwh:여호와)"가 "엘로힘"과 "엘"이 함께 사용되어 여호수아 22:22에서는 "엘 엘로힘 야훼"로 표기되기도 하였다. 이것은 수메르문명 중에서 아브라함의 고향인 우르라는 도시가 믿었던 수메르의 하느님(天神)이었던 '안'에서 나왔을 가능성이 높다. 그런데 수메르의 '하늘의 신', '신들의 왕'인 안(An)은 위대한 신들의 조상으로서 우르에서 머물렀다가 하늘로 올라가면서 땅을 그의 자손들에게 맡겨 두었다. 그러하기에 신들의 아버지인 '안'은 신의 상징이요, 하늘이고, 별이기도 하다. 수메르어에서 '신(神:God)'라는 단어는 '딘기르(DINGIR)'로 신의 이름 앞에 붙인다. 이것은 바이칼, 몽골, 투르크 등에서 하느님(天神)을 칭하는 '텡그리(Tengri)'와 같은 말이고 우리말에서는 '대가리'이다. 즉 Dingir(딘기르) → ILU(아일루) → EL(엘) → Elohim(엘로힘)으로 변하고 있는 것이며, BC 3000경에 나타나고 있는 'Dingir(GOD) mu(my)'는 '나의 하나님(My GOD)'이라는 인격신(人格神)으로 처음 등장하게된 것이다.(김상일, 앞책, 1987)

66) 전세계 이슬람교의 성지이며 기도의 중심인 메카에 있는 카바신전은 아브라함이 큰 아들인 이스마엘과 함께 하나님을 모셨던 곳이라고 전해지고 있으며 그들은 이삭, 야곱이 아니라 자기들의 조상인 이스마엘을 정통이라고 보고 있다.

그러므로 하나님은 그의 이름을 '아브람'에서 열국(列國)의 아비를 의미하는 '아브라함(Abraham)'으로 바꿔주었고 그의 아내도 '사래'에서 열국의 어미를 뜻하는 '사라'로 바꾸어 주었다. 이스라엘의 12지파란 야곱(Jacob)의 12아들의 자손들을 말하는 것으로 야곱이 하나님의 사자와 더불어 씨름을 하여 이김으로서 '이스라엘(Israel)'이라는 이름을 받게 되었기 때문이다. 그는 12아들 중에서 요셉을 가장 사랑하였는데, 다른 아들들의 시기로 요셉이 노예로 팔려 이집트(Egypt)로 가게 된다. 이 당시 이집트는 제2중간기로 셈족인 힉소스(Hyksos)가 쳐들어와 다스렸기에 같은 셈족으로 요셉(Joseph)이 총리에 오르게 되었다. 가나안 지역의 흉년으로 이집트로 내려가게 된 야곱과 아들들이 같은 셈족이 세운 힉소스왕조의 파라오의 배려로 가장 비옥한 나일강 하구의 삼각주에 있는 고센 땅에 정착하면서 매우 번성하게 되었다.

그러나 힉소스왕조가 멸망당하고 이집트인이 세운 신왕조가 들이시면서 히브리인들이 번성하는 것을 막고자 이집트인이었던 새로운 파라오는 그들을 노예로 삼아 신전, 왕묘와 도시를 건설하면서 히브리민족은 고통받게 되었다. 이에 모세(Moses)가 여호와 하나님의 부르심을 받아 그 민족을 이끌고 출애굽을 하게 되었고 모세가 시내산에서 하나님으로부터 십계명(十誡命)을 받게 되었다. 그후 여호수와에 의해 가나안 땅을 정복하여 12지파(支派)가 나누어 가지게 되었으며 사사들에 의해 다스려졌다. 12지파 중에 유다지파였던 것이다

다윗(David)은 첫 번째 왕이었던 사울이 죽자 모든 지파를 통일하여 왕국을 안정시켰으며 그의 아들 솔모론은 여호와의 성전을 건립하였다, 그후 그가 죽자 분열된 북쪽의 이스라엘(Israel) 왕국은 앗시리아 제국(Assyria Empire)에게 멸망당하였고, 남쪽의 유다(Judah) 왕국은 바빌론 제국(Babylonia Empire)에게 멸망당하여 포로가 되어 끌려갔다. 유대인(Jew)[67]들은 포로 기간 동안 성전이 없이 지내면서 유일신(唯一神) 사상에서 더 나아가 "하나님은 무형(無形)으로 계시며 성전(聖殿)에만 계시는 것이 아니라 어디에나 다 계시다"는 역대기사관의 새로운 사상으로 변천되면서 회당(會堂)[68]을 중심으로 하나님의 말씀을 잊지 않았다.

그 후 페르시아 제국(Persian Empire)에 의해 유다왕국 사람들이 되돌아와 제2성전을 건축하게 되었다. 이것을 유대인(猶太人)이라고 부르게 되었으며 다윗의 몰락한 왕가에서 예수(Jesus)가 탄생하게 되는 것이다. 예수의 사후

---

67) 이스라엘들은 자신들을 '유대인(Jew)'이라고 부르는 '유대이즘(Judaism)'이 나타나는데 이것은 바빌론 포로기에 형성된 것으로 그것은 이들이 남쪽 유다왕국(Judas Kingdom)에서 끌려왔으며 이것은 유다지파와 베냐민지파가 세운 나라이기 때문이다. 더구나 그들이 가장 자랑스러워 하는 다윗왕과 솔로몬왕 또한 유다지파이기 때문이다.

68) 회당(會堂, synagogue)은 유대교에서 예배의식·집회·학습 장소로 쓰이는 공동체 예배당으로 회당의 전통적인 기능은 그것이 갖고 있는 3가지 히브리어 이름인 베트 하테필라(기도하는 집), 베트 하크네세트(집회하는 집), 베트 하미드라시(학습하는 집)에 반영되어 있다. 회당이라는 말은 그리스어로 '함께 모이다'라는 뜻의 'Synagein'에서 유래한 것으로서 집회 장소를 뜻한다. 회당의 기원은 남아 있는 증거로 볼 때 BC 3세기로 거슬러 올라가지만 실제 역사는 그것보다 오래된 것으로 일부 학자는 BC 586년 솔로몬 성전이 파괴된 후 임시로 개인의 집들이 공공 예배와 종교교육 장소로 쓰이다가 회당이 생겼을 것이라고 추측한다. 특히 바빌론포로로 끌려간 디아스포라(Diaspora: 分散, 흩어진) 유대인들에게 회당은 그들의 종교와 전통을 지키는 마지막 보루였다.
더구나 예수가 죽임을 당한 이후 AD 70년 유대인들의 반란을 철저히 응징한 티투스가 제2성전을 파괴하고 이스라엘들을 전세계로 흩어버려 2,000여년을 나라없는 민족으로 떠돌면서 회당의 중요성은 훨씬 더 커져서 누구도 부인할 수 없는 유대인들의 종교 생활의 중심지가 되었다. 1세기 문헌에 따르면 회당들은 팔레스타인에만 있었던 것이 아니라 로마·그리스·이집트·바빌로니아·소아시아 등지에도 많았다. 1세기 중반까지 대부분 유대인 공동체는 회당을 가지고 있었고, 그곳에서 매일 아침·점심·저녁에 예배를 드렸으며, 안식일과 종교 절기들에는 특별한 의식을 행했다. 이러한 디아스포라 유대인들이 세운 회당을 통해 바울(Paul)이 기독교를 소아시아, 그리이스, 로마 등 로마제국 전체로 전파해 나갔던 것이다. 오늘날에도 유대인들은 10가구 이상이면 반드시 회당을 세우며 이곳에서 랍비를 중심으로 예배와 하나님의 말씀을 공부하고 교제·휴식·자선행사들도 한다. 전형적인 회당에는 궤(율법 두루마리들을 보관한 상자), 궤 앞에서 타오르는 '영원한 빛', 즉 2개의 촛대, 교도들이 앉는 자리, 성서를 낭독하고 종종 사회자가 예배를 인도할 때 올라서는 조금 올라간 강단(Bimah)이 있다.

제자인 바울(Paul)의 헌신적인 선교활동으로 인하여 그의 가르침이 유럽 세계로 전파되면서 그리스도교(Christianity)가 성립되었으며 그중에서 동쪽에 분포되어 있었던 유대인 지역으로 예수의 12제자들 중에서 베드로(Peter), 요한(John)을 제외한 나머지 제자들의 선교(宣敎)에 의해 아라비아와 메소포타미아 지역으로 퍼져 나갔던 유대그리스도교(Jewish Christianity)[69]의 분파[70]에 의해 마호멧교가 촉발되었다.[71]

이 과정에서 예수 당시에 사막에서 명상과 고행을 하였던 엣세네파는 선도적인 맥락을 보여주고 있다. 특히 세례 요한(John)은 낙타의 가죽옷을 입었고 동굴에서 자고 꿀과 역청으로 연명하였다고 한 것을 보면 고대의 우

---

69) 유대그리스도교란 예수가 그리스도인 것은 인정하였지만 율법, 할례, 안식일 등을 지키면서 유대교의 테두리를 벗어나지 않았던 그리스도교로 AD 70년에 로마제국에 의해 예루살렘성전이 붕괴되고 AD 135년 로마제국에 의해 유대인들이 예루살렘과 이스라엘에서 추방당하면서 사두개파, 엣세네파, 열심당 등이 사라져버린 후 유일하게 살아남은 바리새파에 의해 재건된 랍비유대교에 의해 예수를 믿었던 유대그리스도교의 나사렛파 들이 회딩에서 추빙되있다. 시리아 시역으로 이동한 후 영지주의 영향을 받아 에비온파, 오세네파, 엘카사이파, 삼푸네파, 심마쿠스파 등의 이단종파들이 생겨났으며 마니교의 창시자인 마니는 엘카사이파였다. 그후 이비아니교, 마리아나이트, 네스토리안 등이 있었고 지금도 만다교가 남아있다.(오순제,『초대교회 형성기 유대그리스도교의 발생과 변천에 대한 연구』, 서울기독대학교 대학원 신학과 박사학위 논문, 2018)
70) 마호멧은 메카의 지배계급인 쿠라이시족의 하심가에 태어났다. 그는 고아가 되어 할아버지와 삼촌에 의해 자랐으며 그후 부자였던 과부 하디자의 고용인이 되어 신임을 받아 혼인을 하게 되었다. 그는 히라산에서 기도하던 중 가브리엘 천사를 만났다고 하자 하디자는 자신의 사촌이며 유대그리스도교의 분파였던 이비아니교의 사제였던 와라카 이븐 나우팔에게 자문을 구하니 그가 만난 것은 가브리엘 천사가 맞으며 마호멧이 예언자라고 말해주자 최초의 신자가 되었다. 그러하기에 마호멧교도들은 초기에는 예루살렘을 향해서 기도를 하였으나 유대인들이 개종을 하지 않고 그를 예언자가 아니라고 부정하자, 이들과 단절하면서 메카를 향해 기도하였다고 한다.(한스큉 저, 손성현 옮김,『한스큉의 이슬람-역사, 현재, 미래』, 시와 진실, 2012)
71) 마호멧이 이슬람교를 창시하기 전인 자힐리야 시대에 현재 이슬람 최고의 성지인 메카의 카바신전에서 섬기던 360명의 신들 중에 최고의 신은 '엘(El)'이였다. 그런데 이슬람교에서 섬기는 '알라(Allah)'란 신(神)을 뜻하는 '일라흐(ilah)'에 정관사 '알(al)'이 붙은 '알일라흐'에서 유래한 것이다. 이러한 '일라흐'의 기원은 셈족의 언어에서 신(神)을 가르키는 '엘(El)'로 거슬로 올라가는 것으로 이것은 고대 근동 문화의 시원인 수메르문화 최고의 신인 '엘(El)'에서 기원하였음을 알 수 있다.

리 민족의 선도인을 연상시키는 인물이다. 아마도 이러한 전통이 초대 기독교에서 나타나고 있는 안토니오(Antonio)[72]와 같은 사막의 수도사들로 이어져 내려가는 것을 볼 수가 있다. 심지어는 예수가 인도 그리고 티벳까지 여행하였을 것으로 보는 견해도 있다.[73] 더구나 예수나 엘리야는 우화등선(羽化登仙)하였고 에녹이 산채로 하늘나라로 옮기여진 것은 '천거(遷居:옮겨서 삶)한 선인(僊人)'을 말하는 것이며, 모세의 무덤이 없어진 것은 시해선(尸解仙)이 되었음을 암시하고 있다. 그리고 성령으로 거듭난 사람은 풍류체가 되어 바람이 흐르듯이 사는 풍류선인(風流仙人)이 되는 것으로 '진리를 알찌니 진리가 너희를 자유케 하리라(요8:32)'라고 하신 말씀은 자유자재(自由自在)롭고 무시무종(無始無終)한 대도(大道)에 이르는 단계를 말하고 있어 기독교가 선(仙)의 도비(道祕)를 지니고 있음을 보여주고 있다.[74]

초기 기독교(基督教)는 로마카톨릭(Catholic Church)과 그리스 정교회(Greek Orthodox Church)로 분열되었고, 1517년 마틴 루터는 로마카톨릭의

---

72) 아타나시우스 지음, 엄성옥 옮김, 『성 안토니오의 생애』, 은성출판사, 1995.

73) 러시아의 저술가인 니콜라스 노도비치(Nicholas Notovich)는 1887년 인도와 티벳을 여행하다가 라다크 지방의 수도인 레(Leh) 근처의 히미스(Himis) 사원에서 티벳어로 기록된 예수에 대한 기록을 발견하여 1894년에 불어판으로 『알려지지 않은 예수의 생애- 성(聖) 이사(Issa)의 일대기』라는 책을 출판하였다. 히미스사원에서 나온 두루마리문서로 된 이사전(Issa 傳)은 총14장 244절로 되어 있는데 이것에 의하면 예수는 팔리어, 산스크리트어에 능통하였다고 하며 많은 수도자 가운데서 너무나도 뛰어나 예수가 돌아갈 때에 많은 기적을 행할 수 있도록 지도해준 그 사원의 고승에 대한 기록에도 그는 신의 아들이라고 해도 손색이 없었다고 표현하고 있다. 영국 옥스포드대학에서 문헌학을 연구하는 막스 뮬러(Max Muller) 교수는 이것이 위증된 문서라고 반박하였다. 그러나 그후 라다크와 티벳을 여행한 미국의 엘리자베스 C 프로펠 교수는 그곳에서 수집된 것들을 『예수의 잃어버린 세월(The Lost of Jesus)』라는 책을 출판하였고, 러시아 화가, 교육가, 탐험가, 고고학자, 외교관이었던 니콜라스 로예리치가 1924~28년 4년 동안 102마리 낙타, 야크, 노새, 말과 36명의 현지인 그리고 아들 게오르게로예리치로 이뤄진 중앙아시아 원정대를 이끌고 여행중 "이사전"을 발견하여 『알타이 히말라야(Altai Himalaya)』라는 책을 1929년에 출판하였다. 그는 "카시미르, 라다크, 몽골, 싱키앙 등 여러 곳에는 이사에 대한 전설이 널리 퍼져 있었고, 라마스님들은 이사전의 중요성을 알고 있었다."고 주장하였다.

74) 김주호, 「선맥과 풍류도」, 『제4회 춘계학술대회 논문집』, 국제신인류학회, 2014.4.12.

부패에 대해서 종교개혁(宗敎改革)을 일으키면서 개신교(改新敎)가 생기게 되었다. 이것은 장로교, 감리교, 성공회, 침례교, 성결교 등의 여러 분파로 나누어졌다.

인더스, 수메르문명과 우리 민족과의 연관성을 보다면 바이칼지역의 기원전 24,000~15,000년 전의 말타(Malta), 부레트(Buret) 유적에서 나타나기 시작한 세석기문화가 약 1만 년 전에 빙하기가 끝나면서[75] 서쪽과 동쪽지역으로 퍼져나간 것과 연관성이 있을 것으로 보인다. 왜냐하면 시베리아의 초원의 길과 실크로드를 따라 세석기문화, 빗살무늬토기, 고인돌 등이 벨트를 이루면서 퍼져 나가고 있기 때문이다.

일본의 신사문화 또한 우리나라에서 건너간 것은 모두가 인정하고 있는

유라시아 문명권의 세석기, 즐문토기, 거석문화의 문화벨트(STB)

---

75) 마지막 빙하기 동안에 바이칼호수의 서부, 사얀산맥의 동부의 예니세이강 하류지역은 비교적 따뜻하여 많은 생물상들이 유지되고 땔감이 될 나무들이 있으며 동물들의 피난처가 되어 먹이를 제공하면서 사람들이 생존 가능한 환경을 제공하여 빙하기의 오아시스와 같은 역할을 하였기에 후기구석기 문화유적이 많이 발견되며 세형돌날 등의 유물들이 처음으로 나타나고 있다.(이홍규, 『바이칼에서 찾는 우리 민족의 기원』, 정신세계사, 2005, p.140)

사실이다. 그중에서도 한국정신문화연구원의 박성수 교수는 후쿠오카켄(福岡縣) 소에다(添田)에 있는 해발 1,200m인 히코산(英彦山)에 있는 히코산진구(英彦山神宮)에서 환웅(桓雄)의 그림 한 점과 목각상 한 점을 발견하였다. 소에다의 옛 지명은 '소호리(曾褒里)'로 우리말로 서울을 나타내는 '소부리(所夫里)'였으며, 히코산의 '히코(日子)'라는 말도 '하늘의 아들'이라는 뜻임을 밝혔다.

이 두 유물은 어깨죽지에 등(藤)나무 잎이 늘어져 있어 후지와라쯔네오(藤原恒雄)라고 부르며 그 모습이 우리나라의 단군상과 다를 데가 없는데 이곳에 대한 가장 오랜 6세기 당시의 기록인 『언산류기(彦山流記)』와 『언산연기(彦山緣起)』에 따르면 최초로 이 산에 들어가 입산 수도한 개산도사(開山道士)가 히코산에서 환웅을 만났으며, 이 도를 가르켜 슈겐도(修驗道)라 하는데 그것은 환웅을 하느님(桓因)의 아들로 숭배하는 것이었다

두 차례의 학술조사를 통해 벳부대학((別府大學)의 니기노반노(中野幡能) 교수는 "이것은 분명히 한국의 단군신앙에서 유래하였다. 현재 영언산 정상에 남아있는 신당(神堂)에는 백산신(白山神)이 모셔져 있다."고 분석하였는데 백산신이란 한국의 백두산신(白頭山神) 즉 환인, 환웅, 단군의 삼신(三神)을 가리키는 것이다. 그리고 고마자와대학(駒澤大学)의 나가노히로시(長野寬) 교수는 수험도사들의 수도내용이 화랑도의 수련내용과 흡사하다고 하여 신라

영언산신궁의 환웅상

슈겐도(修驗道)의 수행(위키백과)

시대에 전파된 것으로 보았다.

특히 놀라운 사실은 수험도의 전성기에는 신도의 수가 42만 명에 이르러 큐슈의 총인구의 3분의 2를 차지했으며 그 신도들을 '단카(檀家)'라 하였는데 그 뜻은 '단군을 믿는 집, 단골집'이라 자칭하였다. 그 수도자들은 마늘을 즐겨 먹었으며 지금도 이 부근의 소에다(添田) 지역에서는 마늘장아찌를 먹고 있다고 한다. 그리고 환인을 마늘을 가르키는 니니쿠(忍辱)이라 부르는 것은 단군설화에 나오는 마늘 이야기와 관련이 있는 것으로 보았다.

슈겐도(修驗道)는 일본의 민간신앙에 신도·불교가 결합되고 중국의 도교적 요소가 가미된 것이다. 슈겐도의 수도사들을 '야마부시(山伏)'라고 부르는데 이것은 말 그대로는 '산에 절을 하는 사람'이라는 뜻으로 삼국시대에 화랑들과 같이 명산을 순례하고 다니면서 수행을 하였던 것이다. 환웅을 모셨던 히코산신궁(英彦山神宮)은 일본민족의 고대 신앙의 원류를 밝혀 주는 자료로 매우 중요한 것임을 알 수 있다.[76]

3) 고대 우리 민족의 하늘제사(祭天行事)

『삼국지(三國志)』 위서(魏書) 30, 동이전(東夷傳) 부여(夫餘)조에는 부여는 "은(殷)나라 정월(正月)에 지내는 제천행사(祭天行事)는 국중대회(國中大會)로 날마

---

76) 박성수, 「일본구주의 환웅상과 일본속의 단군문화」, 『고대 한국문화의 일본 전파』, 민족사 바로 찾기국민회의, 1992.

다 마시고 먹고 노래하고 춤추는데, 그 이름을 '영고(迎鼓)'라 하였다."고 하였다. 고구려(高句麗)조에는 "10월에 지내는 제천행사는 국중대회로 이름하여 '동맹(東盟)'이라 한다. 그 백성들은 노래와 춤을 좋아하여, 나라 안의 촌락마다 밤이 되면 남녀가 떼지어 모여서 서로 노래하며 유희를 즐긴다."고 하였다. 동예(東濊)조에는 "해마다 10월이면 하늘에 제사를 지내는데, 주야로 술마시며 노래부르고 춤추니 이를 '무천(舞天)'이라 한다."고 하였다. 한(韓)조에는 "해마다 5월이면 씨 뿌리기를 마치고 귀신에게 제사를 지낸다. 떼를 지어 모여서 노래와 춤을 즐기며 술 마시고 노는데 밤낮을 가리지 않는다. 그들의 춤은 수십 명이 모두 일어나서 뒤를 따라가며 땅을 밟고 구부렸다 치켜들었다 하면서 손과 발로 서로 장단을 맞추는데, 그 가락과 율동은 탁무(鐸舞)와 흡사하다. 10월에 농사일을 마치고 나서도 이렇게 한다. 국읍(國邑)에 각각 한 사람씩을 세워서 천신(天神)의 제사를 주관하게 하는데, 이를 '천군(天君)'이라 부른다. 각각 별읍(別邑)이 있으니 그것을 '소도(蘇塗)'라 한다."고 기록되어 있다.

이러한 제천행사는 흉노, 오환, 선비, 거란, 여진, 만주족 등도 행하였는데 특히 요, 금, 청 등은 백두산에서 천제를 드렸음을 볼 수 있다.[77]

환웅의 신시개천(神市開天)과 단군왕검의 개국(開國) 이후에도 우리 민족 전체는 하늘에 제사를 지내며 온 나라가 먹고 마시며 노래하고 춤을 췄던 것이다. 고구려의 동맹은 왕으로부터 백성에 이르기까지 온 나라가 참여하여 남녀가 떼를 지어 춤추고 노래하였는데, 제사와 놀이는 하나였으며 말을 타고 활쏘기를 놀이로 하였다. 축제가 끝나면 기분이 좋고 새로운 기운이 솟아 일할 마음이 생긴다. 내년에 다시 벌어질 축제'를 기대하면서 콧노래를

---

77) 박원길, 『유라시아 초원제국의 샤마니즘』, 민속원, 2001.

흥얼거리며 덩실덩실 어깨춤을 추면서 새로운 희망을 가지고 살게 된다.[78]

이러한 전통은 고려시대에 팔관회로 이어지게 된다. 고려를 건국한 태조는 〈훈요십조〉에서도 팔관회를 열 것을 당부하였다. 그러나 성종 당시에 2번이나 폐지되었으나 의종은 '불사를 존숭하고 승려를 존중하되 선풍(仙風)을 숭상하고 팔관회(八關會)를 계속하라'는 명을 내리기도 하였다. 그러나 몽골제국의 속국이 된 충선왕과 충숙왕 때에도 폐지되었으나 공양왕 때에 다시 개회되었다. 그리고 고구려의 왕족이었던 궁예는 후고구려를 세우고 고구려의 전통을 이어서 매년 팔관회를 개최하였다.

부여(扶餘)는 은나라의 정월에 제천(祭天)을 지냈는데, 전쟁을 하게 될 때에도 하늘에 제사를 지내고 소를 잡아서 그 발굽을 보아 길흉을 점치는데 발굽이 갈라지면 흉하고 발굽이 붙으면 길하다고 생각하였다.[79] 이 당시 9,000년 전의 내몽골의 소하연문화와 6,000여 년 전의 산동지역의 대문구문화에서 보이는 회화문자가 은나라 시대에는 갑골문으로 나타나게 되어 한자의 기원이 된다.

서울대 이상백 교수가 1930년대 경박호 부근의 비석을 탁본한 것과 경산시 명마산에서 발견된 것이 가림토문자로 추정되고 있어 추후 우리 민족이 한자와 한글의 두 가지 글자를 만들어낸 유일한 민족이었음을 증명해줄 수 있는 단초가 될 것이다.[80]

은(殷)나라는 동이족이 세운 나라로 이들은 제사를 지낸 후 하느님께 그 뜻을 묻기 위해 점뼈(甲骨)을 사용하고 있다. 갑골은 약 7,000년 전의 부하구문화(富河溝文化), 부여, 마한, 가야, 신라와 산동지역의 대문구문화, 용산

---

78) 전호태, 『한류의 시작 고구려』, 세창미디어, 2018. p.19~22.
79) 有軍事亦祭天, 殺牛觀蹄以占吉凶, 蹄解者爲凶, 合者爲吉(『三國志』魏書 30, 東夷傳, 夫餘)
80) 잃어버린 고대문자, 〈문화일보〉, 1994.12.28.; 한글의 뿌리, 〈강원일보〉, 2007.10.10.

문화를 거쳐서 은나라에 나타나고 있다. 특히 대마도의 뇌신사(雷神社)에서는 지금도 구복(龜卜) 행사를 매년 거행하고 있다.

삼족기(三足器)는 몸통은 하나이지만 다리는 세 개인 토기로 1이 3으로 분화하는 천부경의 원리에서 우주가 천지인으로 이루어졌음을 상징하는 연원이 된 것으로 홍산문화에서 많이 보이고 있다. 이러한 토기는 산동지역의 대문구문화와 용산문화로 이어지며 은나라의 청동기에서도 삼족기가 나오고 있는데 이것들은 동이족이 만든 문화이다. 이러한 삼족기의 전통은 고조선, 부여, 백제, 발해 등으로 이어져 내려오고 있다.

원통형토기(圓筒形土器)는 아래와 위가 마주 뚫려있는 것으로 5,500여 년 전인 홍산문화 우하량유적의 전방후원분식 고분 테두리에 박혀 있는데 이러한 토기는 광주의 명화동고분에 박혀있는 원통형토기 뿐만 아니라 일본의 전방후원분 주위에 박혀 있는 원통형하니와(圓筒形埴輪)까지 우리 민족의 문화에 오랜 전통으로 내려오고 있다.[81] 이것은 하늘과 땅을 관통하는 것을 상징하는 것이다.

백두산 지역의 제사유적으로는 이수림에 의해 조사된 통화(通化)의 여명유적, 만발발자유적[82]이 있다. 만발발자유적은 BC 4,000년 전 신석기시대의 제사유적으로 홍산문화와 같이 제단, 주거지, 무덤 등이 존재하고 있으며 특히 천단인 원형제단이 3층의 원형으로 되어있어 완전히 일치하고 있

81) 오순제, 「요서지역 홍산문화의 전방후원분 발생과 졸본부여, 백제, 일본 등의 전방후원분에 대한 관련성 연구」, 『한북사학』 제4집, 2007, pp.64~65.
82) 만발발자유적은 거북이 형상으로 정상부에는 원단, 목부분에는 주거지, 어깨부분에는 무덤 등이 분포되어 있다. 필자는 대평리유적의 거북형상의 고인돌, 울산의 반구대암각화, 마한과 백제시대의 토성유적에 있는 거북바위, 몽골의 테렐지의 거북바위유적, 백제유적인 하남시의 거북바위·구산토성과 바위절터가 있는 구암, 후백제유적인 전주의 거북바위 등의 신앙유적 등을 조사한 것과 같은 것이다.(오순제, 「고대 동굴신앙유적 및 거북바위에 대한 연구」, 『명지사론』 제14·15권, 명지사학회, 2004)

다. 더구나 도소인두상(陶塑人頭像), 도웅(陶熊)과 빗살문, 통형관의 토기, 삼족기 등도 공통적으로 나타나고 있다.[83] 이것은 우리 민족 제천문화의 원형을 잘 보여주고 있으며 신석기시대, 졸본부여, 고구려로 이어지는 유적 이다. 이 문화는 백두산(白頭山) 서북부의 무송, 환인, 통화 등 혼강유역과 휘발하 상류의 광대한 지역에 분포되어 있다.[84]

백두산 서편의 제단 유적들은 만발발자유적과 같이 3층으로 층층이 계단으로 된 통로시설을 가지고 있는 '삼환계제식(三環階梯式)' 이외에 환계, 환호 등이 없이 단층으로 된 원형의 고대(高臺)를 수축하는 방식의 '환구평대식(圓丘平臺式)'이 존재하고 있다. 이러한 제단유적에는 휘남현 대기산향 하동유적과 유하현 향양향 왕팔발자유적 등이 있는데, 이들 유적은 만발발자

통화시의 만발발자의 제사유적(구글어스)

83) 李樹林, 「躍進文化的考古發現與高句麗民族起源研究」, 『黑土地的古代文明: 中國社科院 邊疆史地研究中心 主編 東北民族與疆域研究 論文集』, 遠方出版社. 2000.
84) 정경희, 『백두산문명과 한민족의 형성』, 만권당, 2020.

보다 늦은 신석기 만기에서 청동기 조기에 해당되고 있다.[85] 요서지역에서도 동산취(東山嘴)유적, 성산자산성의 제단유적 등에서 이와 같은 형태가 나타나고 있어 제천문화가 계속 이어지고 있음을 알 수 있다.

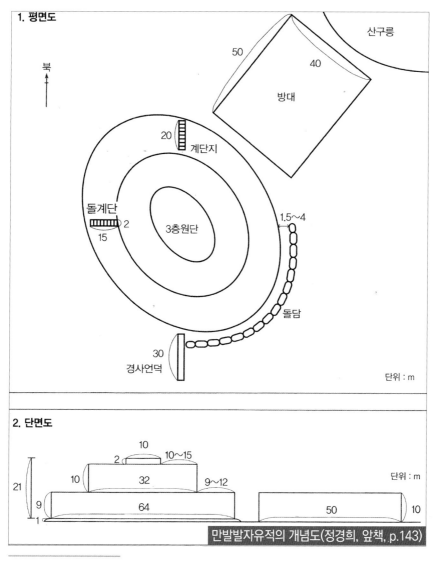

만발발자유적의 개념도(정경희, 앞책,.p.143)

85) 정경희, 「통화 만발발자 제천유적을 통해 본 백두산 서편 맥족의 제천문화(1)」, 『선도문화』 제26권, 2019, pp.143~144.

백두산 향도봉 소분지에서 북한 김일성종합대학 역사학부와 백두산천지종합탐험대 등이 발굴한 높이 9m 정도의 제단 유적은 밑면의 길이와 너비가 각각 36m 정도인 사각형에 가깝다. 윗면은 길이 15m, 너비 12m 정도다. 이 제단 유적에서 2개의 금석문도 발굴되었는데, 길이 1.4m, 너비 0.8m 정도의 금석문에는 조선 초기에 이곳에서 힘을 비는 제사를 지냈다는 내용이 담긴 글이 20여 자 가량 새겨져 있다고 전했다. 우리 민족이 조종의 산, 민족의 성산으로 여겨왔다는 것이 여러 가지 역사기록들과 이미 오래 전에 찾아낸 '룡신비각', '종덕사'와 같은 유적들을 통하여 잘 알려졌었지만, 백두산에 제단을 설치하고 제사를 진행하였다는 사실이 밝혀지기는 이번이 처음이다.[86]

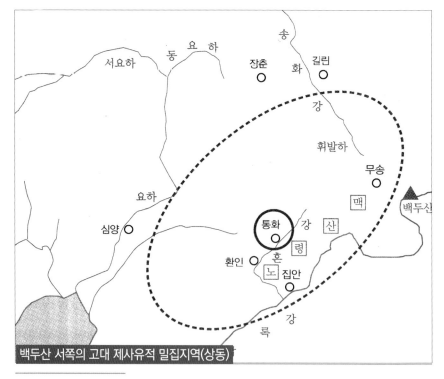

백두산 서쪽의 고대 제사유적 밀집지역(상동)

------

86) 《조선중앙통신》 2018년 9월 5일.

백두산 천지(天池) 동쪽 40m에 조어대(釣魚臺)라고 불리는 대지 위에 여진족(女眞族)인 금(金) 또는 청(淸)나라 시기에 천제를 드렸던 여진제대(女眞祭臺)의 제사유적이 남아 있다.[87] 남북이 약간 긴 원형으로 직경은 2.5m, 높이는 0.7m이다. 1999년에는 천지에서 30m 떨어진 곳에서 청석으로 만들어진 규형(圭形)의 문자비가 발견되었다. 길이는 98.5cm, 폭

대황정자의 제사유적(左同)

길림성 무송현 대황정자산(www.weibo.com)

백두산 천지의 여진제대(www.51yaLa.com)

여진제대유적(www.baike.com)

87) 금(金)나라 대정(大定)에 유사가 말하기를 태백산은 왕이 일어난 곳이니 마땅히 존숭하여 예로서 작을 봉하고 사당을 세우소서 하니, 이에 예부 등이 이를 받들어 흥국영응왕(興國靈應王)을 봉하고 이 산의 북쪽에 사당을 세웠다고 한다.(김교헌, 『신단실기』, 한뿌리, 1986, p.82)

은 47cm이며, 바닥의 너비는 45.5cm, 너비는 33cm로 앞면에는 문자가 뒷면에는 사람의 형상이 새겨져 있다.[88]

그리고 장춘대학교(長春大學校) 살만문화연구중심(薩滿文化硏究中心)의 진경하(陳景河) 교수가 백두산 북서쪽 72km 떨어진 길림성(吉林省) 무송현(撫松縣) 만량진(万良镇)에서 대방정자유지(大方頂子遺址)라는 지름이 10m나 되는 원형의 토석제단 유적 2기가 6개의 사각형 토석제단 유적과 함께 고대의 우물, 석비, 담장 등이 발굴되었고, 제단 아래쪽 인삼밭에서는 석도, 석부, 도편, 흑요석의 공구 등이 출토되었다. 이 부근에는 발해시대의 역참유적이 남아 있다. 이곳은 해발 900.9m의 흙산으로 맑은 날에는 백두산이 보이는 곳으로 여진족이 백두산에 천제를 드리던 거대한 제사유적으로 현재까지 이와 같이 거대한 유적이 발견된 적이 없었다고 한다.[89]

여진족은 고조선의 일족인 숙신으로 부여시대에는 읍루라고 하여 부여에 속하였고, 고구려·발해시대에는 말갈이라고 하여 고구려·발해에 속하였으며, 발해가 멸망한 후에는 여진이라고 불렀으며 건주여진의 아골타(阿骨打)가 금나라를 세워 거란족의 요나라를 멸망시켜 만주지역을 차지하였었다. 권덕규의『조선유기략』에서도 금나라는 발해유민이었던 여진족의 변칭이라고 하였으며, 『금사(金史)』에서도 아골타의 선조가 고려(高麗)에서 건너온 김함보(金函普)라고 하였다.[90]

요(遼)나라를 세운 야율아보기인 태조 신책 원년에 영주(永州) 목엽산(木葉山)에 신묘(神廟)를 건립하고 그 안에는 동쪽을 향하여 천신(天神)의 위를 만들었으며, 마당 한 가운데는 박달나무(檀木)를 심고 '임금나무'라고 하고 그

88)『安图县文物志』, 吉林省文物志編修委員會, 1985.
89) 科学時報 2008.7.7.(http://news.sciencenet.cn[2017년 11월 17일 접속])
90) 金之始祖諱函普, 初從高麗來, 年已六十餘矣.兄阿古乃好佛, 留高麗不肯從(『金史』, 卷一本紀, 第一 世紀)

앞에는 조정의 벼슬들처럼 줄지어 나무를 심었다. 또 두 개의 나무를 마주 심어서 신문(神門)으로 삼았으며 해마다 3월과 10월에 황제와 황후가 '임금 나무' 앞에 이르러 친히 천신께 제사를 드렸는데 이때만 예화악(豫和樂)을 연주하게 하였다고 한다. 전국에서 봄과 가을에 하늘에 제사를 지냈으며 마귀를 쫓는 뜻으로 버드나무를 활로 쏘아 놀이를 하였다고 한다.[91]

요나라를 세운 거란족(契丹族)은 원래 고조선에 속했던 동호족(東胡族)이 흉노족의 공격을 받아 선비족(鮮卑族)과 오환족으로 갈라지게 되며, 선비족에는 모용씨, 우문씨, 단씨, 탁발씨, 흘복씨, 독발씨 등으로 나누어져 있었는데 그중에서 서요하 상류지역에 자리잡고 있었던 우문씨(宇文氏)가 선비족인 모용황의 공격을 받아 거란족(契丹族), 해족(奚族), 실위족(室韋族) 등으로 나누어지게 되었던 것이며 실위족의 일파인 몽올실위(蒙兀室韋)에서 몽골족이 나왔다고도 한다.[92] 이들 또한 고조선의 일족이었던 것이다.

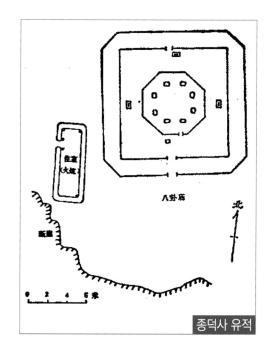

종덕사 유적

백두산 천지의 달문에는 천제를 드리던 종덕사라는 절터를 1992년에 확인한 이형석 씨가 소개하였다. 이곳은 『산경표(山經表)』를 발간한 신경준(申景濬, 1712~1782)이 그린 고지도인 북방강역도

91) 김교헌, 『神檀民史』, 한뿌리, 1986, p.185.
92) 劉義棠, 『中國邊疆民族史』上下, 臺灣中華書局印行, 1982.

(北方江域圖)에도 '종덕사'(建物)가 그려져 있다. 달문 서쪽 돌출한 바위를 보천석(補天石)이라 부르며, 승사하를 건너는 여울목을 견우와 직녀의 전설이 깃들인 우랑도(牛郎渡)라 하는데, 우랑도를 건너면 시커먼 바위절벽이 깍아지를듯 막혀 있다. 이 절벽 위쪽에 수천 평의 잔디밭이 펼쳐져 있고, 그곳에 우리 조선족이 만들었다는 종덕사(宗德寺) 터가 있다. 1992년 당시에는 주춧돌과 건축재가 수북히 쌓여 있었는데 현재는 초석만 남아있다.

종덕사터는 백두산 분화구 내 천활봉(天豁峯) 기슭에 위치하고 있으며 장백산사(長白山寺), 숭덕사(崇德寺), 존덕사(尊德寺), 송덕사(宋德寺)라고도 불린다.

백두산의 종덕사(이형석 제공)

철편(1986년발굴)

천지의 종덕사터

『안도현문물지(安圖縣文物志)』에 "이곳을 팔괘묘(八卦廟)라고 부르는데 건물의 모양이 8각형으로 되어 있어서 8괘묘라고도 불렸던 것이다. 종덕사의 면적은 200㎡ 남짓하고 벽은 3겹으로 되었었다. 안에는 8개의 돌이 놓여 있었고 가운데에는 2개의 목괘가 세워져 있었다. 건물의 서남쪽 3m에는 방이 따로 있었는데 장방형으로 남북 길이는 6.7m, 동서폭이 1.9m로 온돌을 놓여 있다."고 한다.[93] 필자가 이곳을 답사하여 보니 천지의 언덕 위에 아직도 집터와 석재, 나무 등이 그대로 남아 있었으며 이곳에서 천지가 한눈에 내려다 보였다.

4) 처음 발견된 소도(蘇塗)의 유적

소도(蘇塗)는 제사와 정치가 분리되면서 천군(天君)이라는 제사장이 제사를 전담하게 되었던 신성한 장소이다. 필자와 백제문화연구회의 한종섭 회장이 화순군 도곡면의 지석천변에서 마한시대의 소도유적을 찾아냈는데, 지석천을 중심으로 북쪽의 신덕리에는 왕궁터가 있었으며, 남쪽 대곡리의 비봉산 서쪽 해발 200m의 산 정상부의 천단으로부터 북쪽의 강변으로 내려오면서 천단 → 제단 → 칠성단[94] → 천군무덤[95] → 당산나무 → 우물 등으로 배치되어 있는 것을 확인하였고 소도를 보호하기 위해 비봉산성이 자리잡고 있다.[96]

---

93) 吉林省文物志編修委員會, 앞책, 1985.

94) 고인돌 7개가 북두칠성과 같이 배치되어 있으며 그 옆에 따로 제단이 마련되어 있었다.

95) 우리나라에서 소도의 제사장인 천군(天君)이 사용했던 무구 전체가 일괄적으로 모두 출토된 곳은 이곳 한 곳밖에 없다.

96) 오순제·한종섭, 「지석천 선사하천문화 복원을 위한 타당성 및 하천환경 관리계획 연구」, 한국건설기술연구원, 2006.

소도에는 산에 있는 상소도(上蘇塗)와 평지의 마을에 자리잡은 하소도(下蘇塗)로 나누어지는데, 상소도에는 '소나무'가 쓰였고 하소도에는 '느티나무'가 주로 쓰였다.[97] 하가점하층문화에 속하는 내몽골의 음하, 영금하 지역에

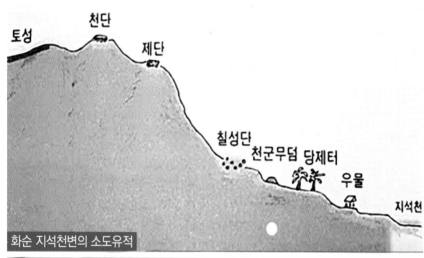

화순 지석천변의 소도유적

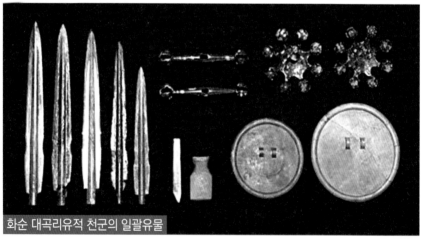

화순 대곡리유적 천군의 일괄유물

97) 소나무란 솟대에 쓰이는 '솟나무', '솟아오른 곳에 자라는 나무'라는 뜻이고, 느티나무는 '넓은 지역에 자라는 차나무'라는 뜻이다. 우리 조상들은 제사를 드릴 때 차(茶)를 다려서 받쳤기에 '차례(茶禮)'라고 불렸으나, 평민들은 귀한 차를 구할 수 없었기 때문에 '술(酒)'을 빚어서 받치게 된 것이다.

남아있는 성터들을 보면 산 위에 있는 성은 소규모의 원형석성으로 그 내부에 제사유적이 나오고 있고 아래 평지에 있는 대형으로 된 네모난 토성에는 주거지가 주로 존재하고 있는 것을 볼 수 있다.

필자와 백제문화연구회의 한종섭 회장이 경상남도 진주시 대평면에 있는 남강유적을 조사하여 보니 그곳이 고향인 명지대학교의 정연대교수의 말에 의하면 이곳에는 강변에 일렬로 고인돌이 배치되어 있었는데 제일 앞에 있는 고인돌은 거북이 형태를 하고 있었다고 하였다. 거북의 머리가 향하고 있는 강건너 야산을 조사하니 성터가 존재하는데, 정상부 둔덕의 중앙에는 약간 넓은 공터의 중앙에 제단이 남아있어 이곳 또한 삼한시대의 소도유적이었음을 확인할 수 있었다. 그리고 졸본부여에 오녀산성의 동명묘동굴 제사유적과 평지의 하고성자성, 고구려의 환도산성의 팔각형건물지와 국내성, 한성백제의 이성산성 제사유적인 9, 8, 12각 건물지와 교산동토성, 신라 경주의 도당산성과 반월성 등으로 이어져 내려오고 있다.

소도의 신성한 지역에는 장대 위에 새를 매달아 놓은 솟대를 세웠는데, 이러한 유적이 우리나라를 비롯하여 몽골, 바이칼, 북아메리카 등에 분포되어 있으며 이것이 일본으로 건너가서는 '도리이(鳥居)'가 되었는데 그 원형이 큐슈(九州)의 시가현(佐賀縣)의 요시노가리유적(吉野ヶ里遺跡)에 남아있다. 현재 태백산 바로 아래에는 아직도 '소도동'이라는 지명이 남아있으며 단군

대마도의 소도

요시노가리유적의 도리이(鳥居)

의 사당이 건립되어 있다. 특히 대마도의 최남단 천신다구두혼(多久頭魂神社) 신사 부근의 '소토산(卒土山)'에 돌로 쌓은 성황당이 있는데, 이 산의 이름은 '소도(蘇塗)'와 같은 것으로 성산(聖山)을 의미한다.[98]

고구려에는 국내성 동쪽 압록강 변의 산에서 하늘에 제사를 드렸던 국동 대혈(國東大穴)이 발견되었는데 그 동굴 안에 있는 좌대는 거북이 모양을 하고 있다. 그런데 땅이름학회의 이형석 박사는 그 입구에서 북두칠성(北斗七星)과 삼태성(三台星)이 함께 새겨진 바위를 발견하였다.

『신단실기(神檀實記)』에서는 백제는 해마다 4월에 하늘에 제사를 지내니 이름하여 교천(郊天)이라 하였다고 한다.[99] 그리고 백제문화연구회 한종섭 회장에 의해 백제의 한성시대에는 하남시 검단산 정상부에서 동명묘(東明廟) 제단유적이 발견되었다. 하남시 고골의 이성산성에서는 고이왕 당시 천지 산천(天地山川)에 제사를 드린 천단(天壇)인 9각, 지단(地壇)인 8각, 산단(山壇)인 12각, 천단(川壇)인 9각형 건물지가 발굴되었다. 그뿐만 이니라 하남시 고골 의 왕성(王城) 바로 남쪽에서는 하늘에 제사를 드렸던 천왕사(天王寺)라는 거 대한 절터가 발굴되었다. 그뿐만이 아니라 사비시대의 부여에서도 천왕사 유적이 발굴되었으며, 부수도였던 익산에서는 제석사지가 발굴되어 하느 님 숭배사상이 불교로 이어지고 있었음을 보여주고 있다.[100]

발해는 백두산에 보본단(報本壇)을 설치하고 해마다 하늘에 제사를 드렸 다.[101] 만주의 철령(鐵嶺)의 숲속에도 제천(祭天)을 위해 쌓은 제단인 고묘사

98) 대마도의 최남단 천신다구두혼(多久頭魂神社) 부근의 '소토산(卒土山)'에 돌로 쌓은 성황당 이 있는데, 이 산의 이름은 '소도(蘇塗)'와 같은 것으로 성산(聖山)을 의미한다. (오순제, 『오순제 박사의 대마도 역사기행』, 수동예림, 2018, pp.23~26)

99) 김교헌 저, 이민수 옮김, 『神檀實記』, 한뿌리, 1987, p.87.

100) 오순제, 『한성백제사』, 집문당, 1995; 『한성백제의 도성체제연구』, 학연문화사, 2005.

101) 김교헌 저, 앞책, p.81.

(古廟祠) 터가 남아있다고 한다.[102] 그리고 신도인 천신교(天神教)를 받들어 촌락까지 단(壇)을 쌓아 제사하며 절기에는 남녀가 모여 춤추고 노래하였다고 한다.[103]

5) 소도와 청소년 교육

『화랑세기(花郎世記)』 서문에 "화랑은 선도이다. 우리나라에서는 신궁을 받들고 하늘에 대제를 드렸다. 옛날 선도는 단지 신을 받드는 일을 주로 하였다.(花郎者仙徒也, 我國奉神宮, 行大祭于天. 古者仙徒只以奉神爲主)"라고 하였다.[104] 그런데 안재홍은 선인(先人) 또는 조의선인(皂衣先人) 등은 '선비'라는 직책으로 신을 모시고 제사를 지내는 사람으로 사제자(司祭者)라고 하였다.[105] 신채호는 조의선인이란 조백(皂帛)의 옷을 입기 때문에 생긴 이름이라고 하였다. 그리고 『신당서(新唐書)』에서는 백의두대형(白衣頭大兄)이라 적고 "백의라고 불리는 자는 선인이다(所謂帛衣者先人也)."라고 하였다. 『주서(周書)』에서는 선인(先人)을 선인(仙人)이라고 하였다. 이것을 보면 조의선인, 화랑 등이 원래는 무사집단이 아니라 소도에서 신에게 제사를 드리는 일에 종사하였던 자들임을 보여주고 있다.

『태백일사(太白逸士)』「삼신오제본기(三神五帝本紀)」에 "소도(蘇塗)가 서면 언제나 계(戒)가 있나니 바로 충, 효, 신, 용, 인(忠孝信勇仁)의 오상(五常)의 도이다. 소도의 옆에는 반드시 경당(局堂)을 세워서 일반 백성들의 미혼 자제들로 하여금 여러 가지 사물을 익히고 연마하게 하였다고 한다. 대체로 독서

---

102) 김교헌 저, 윗책, 1987.
103) 권덕규, 앞책, 2009, p.75.
104) 김대문 저, 이종욱 역주, 『화랑세기』, 소나무, 1999, p.230.
105) 안재홍 저, 김인희 역주, 『조선상고사감』, 우리역사재단, 2014, pp.183~185.

(讀書), 습사(習射), 치마(馳馬), 예절(禮節), 가락(歌樂), 권박(拳博)과 검술(劍術) 등의 6예(六藝)를 말한다."고 하였다.[106]

『구당서(舊唐書)』, 『신당서(新唐書)』에는 고구려(高句麗)에는 경당(扃堂)이라는 교육기관이 있었는데 그 교육 대상은 미성년들로 무리지어 거주하도록 하여 그들을 교육하였다고 한다. 이것은 이미 고구려 이전부터 하늘에 제사를 드리던 소도에서 청소년들의 교육을 담당하여 경당을 세우고 그들에게 문(文)과 무(武)를 모두 익히게 하였는데 이러한 전통을 충실히 이어 받은 것이 고구려였음을 보여주고 있다. 그리고 고구려에서는 귀족(貴族)의 자제들은 중앙에 있는 태학(太學)에서 지도자로 교육시켰다. 고구려에서 이들은 검은 옷을 입었기 때문에 조의(皂衣)라고도 불렀던 것이다.[107] 또한, 이것은 신라의 화랑제도에서 화랑이 이끌었던 낭도(郎徒)들을 이와 같이 교육시키던 것이다. 즉 이 당시 교육의 특징은 모든 백성들을 빈부 격차를 두지 않고 모두 가르쳤다는 것이다.

6) 화랑도의 시대적 변천

① 고조선과 부여의 화랑

『고려사(高麗史)』 권56, 지리지에 강화현 마리산(摩利山)은 부(府)의 남쪽에 있으며, 산꼭대기에 참성단(塹星壇)이 있다. 세상에 전하기를 단군(檀君)이 하늘에 제사하던 제단이라 하였고, 전등산(傳燈山)은 일명 삼랑성(三郞城)이며, 세상에 전하기를 단군이 세 아들을 시켜 쌓은 것이라고 하였다. 강화도에

---

106) 단단학회 편, 앞책, p.54.
107) 지금도 태권도나 유도 등에서 가장 높은 급수는 허리에 검은 띠를 두른 것이 이것의 유풍이다. (신채호, 윗책, p.50)

있는 삼랑성은 현재 정족산성(鼎足山城)으로 부르고 있다. 이곳 삼랑성은 단군의 3명의 아들인 부루(夫婁), 부소(夫蘇), 부여(夫餘)가 쌓은 성이라고 한다. 그런데 이들을 '三郞'이라고 부르고 있는데 그 뜻은 "3명의 화랑"을 지칭하고 있다.

　이것을 보면 이미 단군왕검 시대에 화랑이 존재하였음을 알 수 있다. 왜냐하면 『삼국사기(三國史記)』 권제4, 신라본기를 보면 신라의 경주에도 진평왕 19년(597)에 창건된 삼랑사(三郞寺)는 사찰이 경북 경주시 성건동 서천(西川)에 있었는데 이 절은 세 사람의 화랑과 관련 있는 것으로 보이나 화랑들의 이름은 알 수 없다. 명필이었던 요극일이 삼랑사의 창건 연기를 쓴 삼랑사비(三郞寺碑)가 있었다고 하지만 현재 전해지지 않고 있다. 신채호 선생은 삼랑의 역사도 오직 이 성 하나 쌓은 것 뿐이지만 신라, 고려 때에는 다 삼랑사(三郞寺)를 지어 삼랑을 숭배하였다고 하였으며, 이것은 곧 신라의 화랑이나 고구려의 선인(仙人)이 다 삼랑(三郞)에서 연원한 것이라고 하였다.[108]

　『동명왕편(東明王篇)』에 인용된 《구삼국사(舊三國史)》에 의하면 해모수(解慕漱)에 대하여 "해동의 해모수(解慕漱)는 참으로 천제자(天帝子)라 하늘로부터 내려오는데 오룡거(五龍車)를 타고, … 머리에는 오우관(烏羽冠)을 쓰고, 허리에는 용광검(龍光劍)을 찼는데, 아침이면 일을 보고, 저녁이면 하늘로 올라가니, 세상에서 이르기를, '천왕랑(天王郞)'이라 하였다."고 하였다.[109] 『북부여기(北夫餘紀)』 상편에도 해모수(解慕漱)에 대해서 빛나는 눈빛과 용맹 자태로 사람들이 천왕랑(天王郞)이라 우러렀는데, 머리에는 오우관(烏羽冠)을 쓰고 허리에는 용광검(龍光劍)을 찼으며 오룡거(五龍車)를 타고 다녔다고 한

---

108) 신채호, 앞책, p.114.
109) 海東解慕漱 眞是天之子 從天而下 乘五龍車 從者百餘人 皆騎白鵠 彩雲浮於上 音樂動雲中 止熊心山 經十餘日始下 首戴烏羽之冠 腰帶龍光之劍 朝則聽事 暮則升天 世謂之天王郞(이규보(李奎報),『동명왕편(東明王篇)』)

고구려의 오우관(무용총 벽화)

다.[110] 『태백일사(太白逸史)』 「삼신오제본기」에 "원화(源花)는 여랑(女郎)을 말하고, 남자를 화랑(花郎) 또는 천왕랑(天王郎)이라고도 하니, 임금의 명령에 의하여 까마귀 깃털이 달린 모자(鳥羽冠)를 하사받았다."고 하여 북부여를 세운 해모수 또한 천왕랑이라고 불렸던 화랑이었음을 알 수 있다.[111]

오우관이란 까마귀 깃털로 만든 모자로 부여, 고구려, 신라, 가야, 발해 등의 조우형금동관(鳥羽形金銅冠)으로 끊임없이 전해져오고 있다. 이것은 시베리아, 몽골, 아메리카인디언 등의 샤먼들도 머리에 새의 깃털을 꽂고 있다. 특히 투바공화국의 샤먼은 머리 위에 새를 얹었는데, 이러한 형태가 흉노의 금관에서 나타나고 있다.

화랑은 머리에 깃털을 꽂았는데 고구려의 조의(皂衣)는 까마귀 털을, 신라의 화랑(花郎)은 닭털을, 백제의 화랑인 무절(武節)은 꿩털을 꽂았을 것으로 본다. 왜냐하면 고구려의 고분벽화에는 태양 속에 삼족오(三足烏)라는 세발 까마귀가 나오고 있고, 신라는 계림(鷄林)이라 하여 닭을 신성시하였으며, 백제는 왜에 흰꿩(白雉)을 보냈으며 일본에서는 그것을 모시는 신사를 건립하기까지 하였다. 더구나 신라계의 효덕천황에게 밀려난 황극천황을 백제 의자왕의 아들들인 부여풍장, 아우 새성, 충승 등이 쿠데타를 일으켜 다시 제명천황으로 옹립할 때에도 '백치(白雉)'를 가마에 모시고 들어갔다고 표현

---

110) 단단학회 편, 윗책, p.38.
111) 윗책, p.55.

하고 있어 백제인들이 꿩을 신성시했음을 알 수 있기 때문이다.

② 고구려의 조의선인과 선도

《광개토대왕비문》을 보면 "옛날 시조 추모왕이 나라를 세웠는데, 그는 북부여 천제의 아들로부터 나왔다(唯昔始祖鄒牟王之創基也出自北夫餘天帝之子)"고 하여 고구려는 건국자는 주몽이라고 보고 있으며 그들의 시조를 북부여를 세운 해모수로 인식하고 있음을 알 수 있다. 그리고 주몽이 하늘로 올라간 이후 그 뒤를 이은 유리왕은 "도로써 다스림이 흥하였다(以道興治)"고 하였는데, 이것은 재세이화(在世理化)를 실천하였음을 보여주는 것이다.

신채호는 『고려사(高麗史)』 권113, 최영(崔瑩) 열전에 "당나라가 30만 군사로 고구려를 쳐들어오자, 고구려는 승군(僧軍) 3만 명을 발하여 이들을 대파하였다."고 말한 기록에 대해, 여기서 언급된 승군은 스님들이 아니라 서긍이 『고려도경(高麗圖經)』에서 언급하고 있는 재가화상(在家和尙)이라는 고구려의 조의선인(皂衣先人)을 말하는 것이라고 하였다.[112] 이것은 『태백일사』 「고구려국본기」에 살수대첩(薩水大捷)으로 수나라 100만 대군을 물리친 을지문덕(乙支文德) 당시에 고구려에 20만 명의 조의(皂衣)가 있었다고[113] 한 것과 일치한 것으로 실로 탁월한 견해라 아니할 수 없다.

『삼국사기(三國史記)』 열전, 을파소조에 "유리왕 때 대신이었던 을소(乙素)의 자손이다. 서압록곡(西鴨淥谷)의 좌물촌(左勿村) 출신으로 고국천왕 13년(191)에 안류(晏留)의 추천으로 국상(國相)이 되었는데 진대법(賑貸法)을 시행하여 백성들을 구휼하여 사회를 안정시켰다."고 한다. 그런데 『태백일사』 「고

---

112) 신채호, 『주석 조선상고사』 상, 단재 신채호선생 기념사업회, 1983, p.58
113) 단단학회 편, 윗책, p.108.

구려국본기」에는 을파소(乙巴素)[114]가 국상(國相)이 되더니[115] 나이 어린 준걸 俊傑)들을 뽑아서 선인도랑(仙人徒郎)이라 하였으며, 교화(敎化)를 관장함을 참전(參佺)[116]이라 하여 무리들을 선택하여 계를 지키고 신을 위하는 일을 맡겼다. 무예(武藝)를 관장하는 자를 조의(皂衣)라 하여 바른 행동을 거듭하여 규율을 만들고 공동을 위하여 몸을 바친다. 그는 일찍이 말하기를 "신시이화의 세상은 백성들의 지혜가 열림에 따라서 날로 지극히 다스림에 이르게 되었다. 이에 만세에 걸쳐서 바꿀수 없는 표준이 되는 이유가 된다. 이 때문에 참전(參佺)의 계(戒)가 있으니, 신의 계시에 따라 무리를 교화하고, 한맹에 율이 있으니 하늘을 대신하여 공을 행한다. 모두가 스스로 마음을 써서 힘을 모아 뒤에 공이 이루어지기를 바란다."고 하였다.

『고려사(高麗史)』, 지리지, 서경부(西京府)조에는 "을밀대는 금수산 꼭대기에 있다. 을밀대 아래에 층층으로 된 벼랑이 있는데 그 옆에 평양팔경의 하나인 영명사가 있다. 그곳은 곧 동명왕익 구제궁(九梯宮)으로 그 안에는 기린굴(麒麟窟)이 있다. 남쪽에는 백은탄이 있으며 바위에서 조수가 오르내려 따라서 조천석(朝天石)이라고 한다"고 했다. 그런데 『태백일사(太白逸史)』「고구려국본기(高句麗國本紀)」에는 "동천제(東川帝: 227~248)도 역시 단군이라 한다. 한맹(寒盟)의 절기가 될 때마다 삼신(三神)을 평양(平壤)에서 제사하여 맞이한다.[117] 지금의 기림굴(箕林窟)[118]이 그 제사를 드리던 곳이다. 크게 맞이하는

---

114) 유리왕 때의 대신인 을소(乙素)의 후손이다.

115) 『삼국사기』에서는 을파소가 고국천왕 13년(191)에 국상이 되었다고 한다.

116) 현재 대종교의 3대경전은 천부경, 삼일신고, 참전계경인데 이중에서 참전계경을 일부에서 고구려 을파소가 지었다고도 한다.

117) 동천왕 20년(246)에 위나라 유주자사 관구검이 환도성을 함락하자 21년(247)에 평양으로 천도하였으며, 22년(248)에 죽게 된다. 『신증동국여지승람(新增東國輿地勝覽)』제51권, 평양부, 산천조에 "목멱산(木覓山)은 평양부의 동쪽 4리에 있으며 황성(黃城)의 옛터가 있는데 황성을 경성(絅城)이라고도 부른다."고 하였다.

118) 『신증동국여지승람(新增東國輿地勝覽)』제51권, 평양부, 고적조에 기린굴(麒麟窟)은 구제

평양의 기린굴(京都大学附屬圖書館 所藏)

평양 영명사와 기린굴(『海東地圖』)

의식은 처음에는 수혈(隧穴)에서 행해졌다. 구제궁(九梯宮)[119]에 조천석(朝天石)[120]이 있었다. 조의선인은 모두 선택되었으니 국인(國人)이 그 선출됨을 긍지로 여겼다.”고 한다.

　『해동명장전(海東名將傳)』에는 “을지문덕은 평양 석다산(石多山) 사람이다. 후에 사람들이 평양에 사당을 지어 을지문덕을 제사지냈다.”라고 하였다. 현재 평안남도 안주시 등반산동 안주성 서북쪽, 백상루에서 북쪽으로 100미터 지점에 612년 살수대첩에서 수나라 대군을 격파한 을지문덕석상은 장군의 공훈을 기리기 위해 깨돌에 음각으로 그의 전신상을 새긴 것이다. 이 부근에는 ‘숭정기원 220년 을미(1847)’에 세운 을지문덕비도 함께 있다.

을지문덕석상(http://blog.naver.com/seadjk)

을지문덕비문(한상봉 소장)

궁(九梯宮) 안 부벽루(浮碧樓) 아래에 있다고 하였으며, 불우조에는 영명사는 금수산 서편으로 기린굴 위에 있다고 하였다.

119) 『신증동국여지승람(新增東國輿地勝覽)』 제51권, 평양부, 고적조에 구제궁(九梯宮)은 동명왕의 궁으로 예전에 영명사(永明寺) 안에 있었다고 한다.

120) 『신증동국여지승람(新增東國輿地勝覽)』 제51권, 평양부, 고적조에 조천석은 기린굴의 남쪽에 있다고 하였다.

『태백일사』「고구려국본기」에는 "안주 청천강변에 을지문덕의 석상이 있다."고 하였으며 또 을지문덕(乙支文德)[121]은 석다산(石多山) 사람으로[122] 일찍이 입산 수도하여[123] 천신(天神)을 뵙고 크게 깨달아 3월 16일에 마리산(摩利山)으로 달려가 공물하여 경배하고 돌아왔으며 10월 3일에는 백두산(白頭山)에 올라가서 제천(祭天)하였다. 그가 말하기를 "도(道)로써 천신(天神)을 섬기고 덕(德)으로써 백성과 나라를 덮는다. 삼신일체(三神一體)의 기(氣)를 받아서 이를 나누어 성(性), 명(命), 정(精)을 얻으니 광명을 마음대로 하고 앙연하여 움직이지 않으나 때가 되면 감동이 일어나니 도는 이에 통한다.

이것은 체(體)가 삼물(三物)인 덕(德), 혜(慧), 역(力)을 행하고, 화하여 삼가(三家)인 심(心), 기(氣), 신(身)이 되며, 즐겨 삼도(三途)인 감(感), 식(息), 촉(觸)을 채우는 이유이다. 그 중요함은 날마다 재세이화(在世理化) 하여 경도(境途)를 닦아 홍익인간(弘益人間)함을 간절히 생각하는 것이라고 한다.

환국(桓國)은 5훈(五訓)[124], 신시(神市)는 5사(五事)[125], 조선(朝鮮)은 5행6정(五行

---

121) 『삼국사기』에서는 영양왕(590-618) 당시의 장군으로 살수대첩을 승리로 이끌었다.

122) 홍양호(洪良浩)가 정조 18년(1794)에 편찬한 『해동명장전(海東將傳)』에 "을지문덕은 평양 석다산(石多山) 사람이다.(乙支文德平壤石多山人也)"라고 하였는데, 『신증동국여지승람(新增東國輿地勝覽)』 제51권, 평양부 인물조에도 을지문덕을 평양 출신으로 기록하고 있으며, 『승정원일기(承政院日記)』 인조(仁祖) 6년 무진(1628) 4월 18일조에 "평안감사의 서목에 동지사(冬至使) 변응벽(邊應壁)이 이달 15일에 평양(平壤) 석다산(石多山)에 도착했다고 하였다."고 하여 석다산이 평양에 있었음을 알 수 있다.

123) 『해동명장전(海東將傳)』에는 "560년에 태어났으며 15세에 조의선인(皂衣先人)이 되어 무예를 연마하였으며 후에 장군이 되었다."고 한다.

124) 오훈(五訓)은 첫째로 성실하고 믿음으로써 거짓이 없을 것, 둘째로는 공경하고 근면함으로써 게으르지 않고, 셋째로 효동하고 순종하여 어김이 없고, 넷째로 염치와 의리가 있어서 음란치 않으며, 다섯째로 겸손하고 화목하여 다툼이 없는 것 등이다.(『태백일사』, 「환국본기」)

125) 오사(五事)란 우가(牛加)는 농사를 주관하고, 마가(馬加)는 목숨(命)을 주관하고, 구가(狗加)는 형벌을 주관하며, 저가(猪加)는 병(病)을 주관하며, 앵가(羊加)는 선악을 주관하는 것을 말한다.(윗책)

六政)[126], 부여(夫餘)는 9서(九誓)를 말한다. 삼한(三韓)의 통속(通俗)도 역시 5계(五戒)가 있어서 효(孝), 충(忠), 신(信), 용(勇), 인(仁)이라고 한다. 모두 백성을 가르침에 있어 올바름과 공평함을 가지고 무리를 정리함에 뜻이 있다."고 하였다.

『삼국사기(三國史記)』 고구려본기에는 광개토대왕에 대하여 "어려서부터 체격이 웅위하고 뜻이 고상하였다."고 한다. 그리고 《광개토대왕비문》을 보면 태왕은 백제, 신라, 가야, 거란, 숙신 등을 복속하여 고구려를 제국으로 반전시켰음을 밝히고 있다. 더구나 신라 경주의 호우총에서 발굴된 호우(壺杅)에는 "국강상광개토지호태왕(國岡上廣開土地好太王)"이라는 명문이 있어서 대왕에게 제사를 드렸던 제기였음이 밝혀졌다.

그런데 『태백일사』 「고구려국본기」에는 "광개토경호태왕(廣開土境好太王, 391~413)은 융공성덕하여 어느 왕보다 탁월했다. 사해 안에서 모두 열제(烈帝)[127]라 칭한다. 나이 18세에 광명전에서 등구하고 하늘의 음악(天樂)을 예로써 연주하였다. 말을 타고 순수하여 마니산(摩利山)에 이르러 참성단(塹城壇)에 올라 친히 삼신(三神)에게 제사를 지내어 천악(天樂)을 사용하였다. 정복군주였던 그는 적들을 관용과 덕으로 대하였으며 영락(永樂)이라는 년호

---

126) 육정(六政)이란 현좌(賢佐), 충신(忠臣), 양정(良將), 용졸(勇卒), 명사(名師), 덕우(德友)를 말함이다.

127) 광개토대왕은 광개토대왕비에서는 '국강상광개토경평안호태왕(國岡上廣開土境平安好太王)', 모두루묘의 묘지명에는 '국강상대개토지호태왕(國罡上大開土地好太聖王)', 신라 호우총의 호우에는 '국강상광개토지호태왕(國罡上廣開土地好太王)' 등으로 되어 있어서 필자는 정식 명칭을 '광개토경호태왕(廣開土境好太王)'으로 본다. 그리고 장수왕도 '장수호태왕(長壽好太王)'으로 본다. 문자왕은 『삼국사기(三國史記)』 권 제19, 고구려국본기에서는 문자명왕(文咨明王)이라고 하면서 주석에 혹은 '명치호왕(明治好王)'라고 불렀다고 하여 필자는 '문자호태왕(文咨好太王)'을 정식 명칭으로 본다. 양원왕은 『삼국사기』 고구려본기에서는 '양강상호왕(陽崗上好王)'으로 되어있어 '양강상호태왕(陽崗上好太王)'으로 보며, 평원왕은 『삼국사기』 고구려국본기에 '평강상호왕(平崗上好王)'으로 되어 있어서 '평강상호태왕(平崗上好太王)'을 정식 명칭으로 본다.(오순제, 『고구려는 어떻게 역사가 되었는가』, 채륜서, 2019)

가 상징하듯이 평화주의적이고 종교적인 평안을 추구하였다."고 한다.

신채호의 『조선상고사』에 인용된 《해상잡록(海上雜錄)》에 안장왕이 한주가 갇혀 있음을 몰래 탐지하여 알고 짝없이 초조하나 구할 길이 없어 여러 장수를 불러 "만일 개백현(皆伯縣)을 회복하여 한주를 구원하는 사람이 있으면 천금과 만호후(萬戶候)의 상을 줄 것이다."라고 하였으나 아무도 응하는 자가 없었다. 왕에게 친누이동생이 있어 이름을 안학(安鶴)이라고 했는데 또한 절세의 미인이었다. 늘 장군 을밀(乙密)에게 시집가고자 하고 을밀도 또한 안학에게 장가들고자 하였으나 왕이 을밀의 문벌이 한미하다고 허락하지 아니하므로, 을밀은 병을 일컬어 벼슬을 버리고 집에 들어앉아 있었는데, 이에 이르러 왕이 한 말을 듣고는 왕에게 나아가 뵙고 "천금과 만호후의 상이 다 신의 소원이 아니라, 신의 소원은 안학과 결혼하는 것뿐입니다. 신이 안학을 사랑함이 대왕께서 한주를 사랑하심과 마찬가지입니다. 대왕께서 만일 신의 소원대로 안학과 결혼케 하신다면 신이 대왕의 소원대로 한주를 구해오겠습니다."라고 하니, 왕은 안학을 아끼는 마음이 마침내 한주를 사랑하는 생각을 대적하지 못하여 드디어 을밀의 청을 허락하고 하늘을 가리켜 맹세하였다. 5천을 거느리고 바닷길을 떠나면서 왕에게 아뢰기를 "신이 먼저 백제를 쳐서 개백현을 회복하고 한주를 살려낼 것이니 대왕께서 대군을 거느리고 천천히 육로로 쫓아오시면 수십 일 안에 한주를 만나실 겁니다." 하고 비밀히 결사대 20명을 뽑아 평복에 무기를 감추어가지고 앞서서 개백현으로 들여보냈다. 태수는 이를 깨닫지 못하고 그 생일에 관리와 친구들을 모아 크게 잔치를 열고 오히려 한주가 마음을 돌리기를 바라 사람을 보내 꾀었다. "오늘은 내 생일이다. 오늘 너를 죽이기로 정하였으나 네가 마음을 돌리면 곧 너를 살려줄 것이니, 그러면 오늘이 너의 생일이라고 해도 좋을 것이다." 한주가 대답하였다. "태수가 내 뜻을 빼앗지 않으면 오늘이 태수의 생일이 되려니와 그렇지 아니하면 태수의 생일이 곧 내가 죽는 날이 될 것이요, 내가 사는 날이면 곧 태수의 죽는 날이 될 것입니다." 태수가 이 말을 듣고 크게 노하여 빨리 처형하기를 명하였다. 이때 을밀의 장사들이 무객(舞客)으로 가장하고 잔치에 들어가 칼을 빼어 많은 손님을 살상하고 고구려의 군사 10만이 입성하였다고 외치니 성안이 크게 어지러워졌다. 이에 을밀이 군사를 몰아 성을 넘어 들어가서 감옥을 부수어 한주를 구해내고, 부고(府庫)를 봉하여 안장왕이 오기를 기다리고, 한강 일대의 각 성읍을 쳐서 항복받으니 백제가 크게 동요하였다. 이에 안장왕이 아무런 장애 없이 백제의 여러 고을을 지나 개백현에 이르러 한주를 만나고, 안학을 을밀에게 시집보냈다고 한다.

『삼국사기(三國史記)』 지리지, 한주(漢州)조에도 이러한 사실을 기록하였으며 이것과 관련된 고봉현(高烽縣)과 왕봉현(王逢縣) 등의 지명이 기록되어 있다.

평양의 을밀대(『북한문화재대관』, 한국안보교육협회, 1991)

『태백일사(太白逸史)』「고구려국본기(高句麗國本紀)」에는 평양의 을밀대(乙密臺)[128]는 세상에서 말하기를 을밀(乙密)[129] 선인(仙人)이 세운 것이라고 한다. 을밀은 안장제(安藏帝: 519~531) 때에 뽑히어 조의(皂衣)가 되고 나라에 공이 있었는데[130] 본래 을소(乙素)의 후손이다. 집에서 책을 읽고 활쏘기를 배우며 살면서 하늘에 제사를 올리고 삼신을 노래하고 참전을 계(戒)로 삼아 무리를 모아 수련하니 그를 따르던 무리가 3,000이었다고 한다. 나를 비워 사물이 있게 하고 몸을 버려 옳음을 지켜서 나라 사람들의 사표가 되었다고 한다.

『삼국유사(三國遺事)』권3, 보장봉노보덕이암(寶藏奉老普德移庵)조에 "수양제가 대업 8년 임신에 30만 군사를 이끌고 바다를 건너 쳐들어왔는데 10년(614) 10월에 고구려왕이 국서를 보내와 화평을 청할 때 한 사람이 비밀히

---

128) 『신증동국여지승람(新增東國輿地勝覽)』제51권, 평양부, 누정조에 을밀대는 금수산 꼭대기에 있다고 하였다.

129) 『계산기정(薊山紀程)』제1권, 출성(出城) 계해년(1803) 11월 2일조에 "부벽루(浮碧樓)의 서쪽에는 을밀대(乙密臺)가 소남문(小南門) 밖에 있는데 성가퀴가 둘러 있다. 그 가운데에 둥그런 봉분 형상이 있어 어떤 사람은 을밀(乙密)의 묘(墓)라고도 하는데, 읍 사람들이 그 의견에 따라서 산에 제사하는 곳으로 삼았다."고 한다. 그리고 우진지도문화사가 1991년에 발행한『최신북한지도』의 평양 설명문에는 "을밀은 을지문덕의 아들이다."라고 한다. 또 목천(木川)『돈씨가보(頓氏家譜)』에는 "고구려 당시 '을(乙)'씨가 을지문덕 장군 때부터 '을지(乙支)'씨로 바뀌었다고 한다. 그후 고려(高麗) 인종(仁宗) 때에 묘청의 난이 일어나자 을지문덕의 16세 후손 을지수(乙支遂)가 동생인 을지달(乙支達), 을지원(乙支遠) 등과 함께 의병장(義兵將)이 되어 서경(西京)을 수복하는데 결정적인 공을 세워 돈산백(頓山伯)에 봉해지고 돈뫼(頓山)를 식읍(食邑)으로 하사(下賜)받아 그 곳에서 누대로 세거(世居)해 오면서 성(姓)을 돈씨(頓氏)로 개성하였다."고 한다.

130) 현재 고양시의 고봉산에 전해오는 전설을 보면 "안장왕이 태자 시절에 백제의 무녕왕에게 빼앗긴 한강유역을 찾기 위해 변장을 하고 백제 땅이었던 고양시 지역으로 와서 고봉산 아래 부자집에 머슴을 살았는데 그의 딸인 한씨 처녀와 정분이 나서 자기의 신분을 밝히자 자기가 횃불을 올려 신호를 해주겠다고 하였다. 그후 고구려로 돌아가 왕이 되었는데 그녀가 고을의 태수에게 잡혀가 고초를 당하면서 자기의 종을 시켜 고봉산에 올라가 횃불로 시호를 주었다고 하여 그곳의 이름이 고봉산(高烽山)이라고 부르게 되었다고 한다. 이때 널리 장수를 구하니 왕의 여동생 안학공주(安鶴公主)를 사모하고 있던 을밀(乙密)이 나서서 결사대를 조직하여 한주를 구하고 한강유역을 차지하였으며 왕비 배를 타고 한강으로 들어와 한씨 처녀를 만난 곳이 바로 행주나루터로 이곳을 왕봉하(王逢河)라고 하였으며 그곳의 지명을 왕봉현(王逢縣)으로 바꾸었다."고 한다.(오순제,『한성백제사』, 1995. p.335)

품속에 소뇌를 지니고 사신을 따라 양제가 탄 배안에 이르러 양제가 국서를 들고 읽을 때에 소뇌를 쏘아 가슴을 맞히었다. 제가 회군하려 할 때에 좌우에 이르되 내가 천하의 주인이 되어 소국(小國)을 친히 정벌하다가 불리하였으니 만대의 수치가 되었다고 하였다.”고 한다.

그리고 안정복(安鼎福)의 『동사강목(東史綱目)』 권3상에도 “고구려 사신이 수군 진영에 갈 적에 한 고구려 사람이 몰래 작은 쇠뇌를 품속에 감추고 사신을 따라가서 수주(隋主)가 있는 처소로 갔는데, 수주가 사신을 접견하고 글을 받아 읽을 때, 쇠뇌를 쏘아 수주의 가슴을 맞추었다. 수주가 놀라고 두려워 얼굴빛을 잃었다. 군중(軍中)이 요란한 틈에 쇠뇌를 쏜 그 사람이 빠져 나갔으므로 그를 찾았으나 잡지 못하고, 곧 군사를 회군하였다.”고 한다.

신채호는 『조선상고사』에서 “고구려로 망명한 곡사정을 인도하기 위해 사신이 국서를 받들고 수양제의 어영에 가니, 어떤 장사(將士)가 이를 비상히 분개하여 쇠뇌(小弩)를 품에 품고 사신의 수행원으로 따라가 수양제를 쏘아 맞추고 달아났으니 그가 수양제의 넋을 빼았고 고구려에 사기의 왕성함을 보임에는 넉넉하였도다, 그 활을 맞고 돌아간 수양제는 병도 들고 회노(悔怒)도 심하고 국내가 대란으로 인하여 수년이 지나지 않아 암살당하여 수나라가 망하니라.”라고 하였다.

『태백일사(太白逸史)』 「고구려국본기(高句麗國本紀)」에는 “영양무원호태열제[嬰陽武元好太烈帝: 590~618] 당시 홍무(弘武) 25년(614)에 수양제(隋煬帝)가 쳐들어오자 완병술(緩兵術)을 쓰려고 곡사정(斛斯政)[131]을 보냈는데 조의(皂衣) 일인(一仁)이라는 자가 따라가 소매 속에서 작은 쇠뇌(小弩)를 쏘아 가슴을

---

131) 곡사정은 613년 병부시랑으로 수양제를 따라 고구려 원정에 참여하였는데, 그의 친구인 양현감이 반란을 일으키자 불안함을 느껴 고구려로 도망쳐온 자이다.

맞추어[132] 쓰러지자 우상(右相)인 양명(羊皿)이 양광(楊廣)을 서둘러 업고 작은 배로 갈아타고 후퇴하여 회원진(懷遠鎭)에서 철수하였다."고 한다.[133]

연개소문의 아들인《천남생묘지명(泉男生墓誌銘)》에는 "증조부 자유(子遊)와 할아버지 태조(太祚)는 모두 막리지(莫離支)를 역임했고 아버지 개금(蓋金)은 태대막리지(太大莫離支)를 역임했다고 한다."고 한다. 그런데 『태백일사(太白逸史)』「고구려국본기(高句麗國本紀)」에는 연개소문(淵蓋蘇文)의 선조는 봉성(鳳城)[134]사람으로 부(父)는 태조(太祚)[135], 조부(祖父)는 자유(子遊), 증조부(曾祖父)는 광(廣)으로[136] 나이 9살에 조의선인(皂衣先人)에 뽑혔는데 의기호일하여 졸병들과 함께 장작개비를 나란히 베고 잠자며, 손수 표주박으로 물을 떠 마시며, 무리 속에서 스스로 힘을 다하였다. 혼란 속에서도 작은 것을 다 구별해내고, 상을 베풀 때는 반드시 나누어 주고, 정성과 믿음으로 두루 보호하

---

132) 『삼국유사(三國遺事)』권3, 보장봉노보덕이암(寶藏奉老普德移庵)조에는 高句麗古記를 보면 隋煬帝가 大業 8년 임신에 30만 군사를 거느리고 바다를 건너 쳐들어왔는데, 10년 갑술 10월에 高句麗王이 국서를 보내어 항복을 청할 때에 한사람이 비밀히 품속에 小弩를 지니고 사신을 따라 煬帝가 탄 선박 안에 이르러 양제가 國書를 들고 읽을 때에 小弩로 쏘아 황제의 가슴을 맞추었다. 황제가 회군하려 할 때에 左右에 이르기를 내가 天下의 主가 되어 小國을 親征하였다가 利를 보지 못하였으니 萬代의 부끄러운 웃음꺼리가 되었구나 하였다.

133) 『삼국사기(三國史記)』권제20, 고구려본기 영양왕 25년조에는 곡사정을 돌려 보내자 수양제가 순순히 물러갔다고 되어있지만 그가 되돌아 간 후에도 다시 원정을 꾀하려고 한 것과 『삼국유사(三國遺事)』,『동사강목(東史綱目)』 등에 이 사건이 기록되어 있는 것으로 보아 모화주의자인 김부식이 중국에게 치욕적인 사건이기에 일부러 누락시킨 것으로 본다.

134) 봉황성(鳳凰城)으로 요녕성 봉성시 동남쪽에 있는 봉황산 동측에 위치하고 또 그 이름을 오골성(烏骨城)이라고 한다. 성의 둘레는 약 16km로 고구려 성곽 중에서 가장 큰 규모의 성으로 요동전체를 다스렸던 부수도였다. 당태종이 쳐들어왔던 당시에 대막리지 연개소문이 이곳에 지휘부를 설치하여 전쟁을 지휘하였던 곳으로 안시성에 구원군도 이곳에서 급파한 것이다.

135) 『태백일사(太白逸史)』「고구려국본기(高句麗國本紀)」에는 영양무원호태열제(嬰陽武元好太烈帝: 590~618)의 홍무(弘武) 9년(614)에 서부대인(西部大人) 연태조(淵太祚)를 보내 등주를 토벌하고 총관(摠管) 위충(韋冲)을 잡아 죽이게 하였다.

136) 연개소문의 아들인《천남생묘지(泉男生墓誌)》에는 "증조(曾祖)는 자유(子遊), 조(祖)는 태조(太祚)로 나란히 막리지(莫離支)였다."고 한다.(연세대학교 국학연구소 편, 『고구려사연구II』, 연세대학교 출판부, 1988, p.1080)

며, 마음을 미루어 뱃속에 참아두는 아량이 있고, 땅을 위(緯)로 삼고 하늘을 경(經)으로 삼는 재량을 갖게 되었다. 사람들은 모두 감동하여 복종해 한 사람도 딴 마음을 갖는 자가 없었다. 그러나 법을 쓰는 데는 엄명하여 귀천이 없이 똑같았으며 법을 어기는 자가 있으면 하나같이 용서함이 없었으며 자기 겨레를 해치는 자를 소인이라 하고 능히 당나라에게 적대하는 자를 영웅이라 하였다. 큰 난국을 당해도 마음에 동요가 없었다고 한다. 기쁘고 좋을 때는 낮고 천한 자도 가까이 할 수 있었으나 노하면 권세있는 자나 귀한 자들도 모두가 겁을 냈다. 그는 아버지의 뒤를 이어 막리지가 되었다. 이 당시 좌장군(左將軍) 고성(高成)은 은밀하게 수(隋)나라와 친할 마음이 있어 막리지(莫離支)의 북벌(北伐) 계획을 막았으며, 여러차례 주청해 출사하여 백제를 공격함으로써 공을 세웠다. 그러나 홀로 막리지는 대중의 의견을 물리치고 남수북벌(南守北伐)의 정책을 집착하여 여러차례 청하므로 이 말을 따르게 되었다. 그러나 영양왕이 죽고 고성(高成)이 영류왕(榮留王)으로 즉위하자 그 이전의 모든 정책은 폐기되었다. 그는 사신을 당(唐)나라에 보내어 노자(老子)의 상(像)을 구하여 백성들로 하여금 도덕경(道德經)을 청강시켰다. 또 무리 수십만을 동원하여 천리장성을 쌓게 하자 서부대인(西部大人)[137] 연개소문(淵蓋蘇文)은 도교(道敎)를 강하는 것과 장성을 쌓는 일을 중지시키고자 하였다.[138] 그러자 그의 병사들을 빼앗고 장성 쌓는 일의 감독을 시키더니 여

---

137) 『삼국사기(三國史記)』 권제20, 고구려본기, 영류왕 25년조에도 연개소문을 서부대인이라고 하였다.

138) 『삼국사기(三國史記)』 권제20, 고구려본기, 보장왕 2년조에 연개소문이 보장왕에게 청하여 당나라에 사신을 보내게 하자 당태종이 도교의 도사 숙달 등 8인과 함께 노자의 도덕경을 보냈다고 하여 김부식은 마치 연개소문이 도교를 숭상한 것처럼 조작해 놓았다. 그러나 영류왕조를 보면 사실은 영류왕이 7년(624)과 8년(625)에 2번이나 당나라에 청하여 도교(道敎)를 수입하여 백성들에게 도덕경(道德經)을 듣게하여 퍼트린 장본인이었음을 알 수 있으며, 그는 11년(628)에 당태종이 돌궐(突厥)을 쳐서 길리가칸(頡利可汗)을 사로잡자 두렵고 놀래서 고구려의 봉역도(封域圖)라는 군사지도를 스스로 바친 쓸개 빠진 임금이었다.

천남생묘지명

러 대신들과 의논하여 연개소문을 주살코자 하였다. 이에 642년 정변을 일으켜 영류왕과 대신들을 죽이고 보장왕을 세웠다.[139]

《천남생묘지명(泉男生墓誌銘)》과 그의 아들인 《천헌성묘지명(泉獻誠墓誌銘)》을 보면 그들은 모두 "9살에 선인[先人, 仙人]에 임명되었다."고 한다. 이것은 연개소문(淵蓋蘇文) 또한 9살 때에 조의선인(皂衣仙人)이 된 것과 같아 이들 또한 조의선인을 역임했음을 증명해주고 있다.

③ 신라의 화랑과 선도

『해동고승전(海東高僧傳)』 제1편, 법운(法雲)조에 그는 속명이 삼맥종(彡麥宗)으로. 시호는 진흥왕(眞興王)으로 법흥왕의 동생으로서 입정갈문왕의 아들

---

139) 『태백일사(太白逸史)』 「고구려국본기(高句麗國本紀)」에는 연개소문은 영류왕이 자기를 주살하려고 한다는 말을 듣고 잔치를 벌려 뭇 대신들을 초청하니 모두 참석하자 "대문에 호랑이, 여우가 다가 오는데 백성을 구할 생각은 아니하고 도리여 나를 죽이려 한다. 빨리 이를 제거하라"고 말하자 제가 변고를 듣고 평복으로 몰래 도망쳐 송양(松壤)으로 가서 대신들을 불렀으나 한 사람도 오지 않으니 스스로 부끄러움을 이기지 못하여 마침내 저절로 숨이 떨어져 붕어하였다고 한다. 그러나 김부식은 『삼국사기』에서 연개소문이 왕을 척살한 패역한 자로 만들고 있으며 이것을 빌미로 진짜 패륜아인 탕태종이 쳐들어오게 되었다고 조작하고 있다.

로 7살 때에 왕에 올랐다. 재위 37년(576)에
는 처음으로 원화를 선랑으로 선발하게 되었
다. 그 동기는 처음에 왕과 신하들이 인재를
발굴하는 방법을 몰라 고심하던 끝에, 여러
사람들을 단체로 행동하게 함으로써, 그들
가운데서 행실이 뛰어난 사람을 뽑아 등용하
기로 하였다고 한다.

『삼국유사(三國遺事)』, 권제3, 탑상(塔像) 제4,
미륵선화(彌勒仙花)·미시랑(未尸郎)·진자사(眞慈
師)조의 기록을 보면 "진흥왕은 천성이 풍미
(風味)하고 신선(神仙)을 매우 숭상하여 민가의
낭자 중에서 아름답고 예쁜 자를 택하여 받
들어 원화(原花)로 삼았다. 이것은 무리를 모
아서 인물을 뽑고 그들에게 효도와 우애, 그
리고 충성과 신의를 가르치려 함이었으니,

신라화랑(전쟁기념관)

또한 나라를 다스리는 대요(大要)이기도 하였다. 이에 남모랑(南毛娘)과 교정
랑(峧貞娘)의 두 원화(源花)를 뽑았는데, 모여든 무리가 300~400명이었다.
그 후 서로 투기함으로써 폐지되었다가 여러 해 뒤에 왕은 또 나라를 흥하
게 하려면 반드시 풍월도(風月道)를 먼저 해야 한다고 생각하여, 다시 명령을
내려 좋은 가문 출신의 남자로서 덕행이 있는 자를 뽑아서 화랑(花郎)이라고
하였다.

처음 설원랑(薛原郞)을 받들어 국선(國仙)으로 삼았는데, 이것이 화랑 국선
의 시초이다. 이 때문에 명주(溟洲)에 비를 세웠다. 이로부터 사람들로 하여
금 악을 고쳐 선행을 하게 하고, 윗사람을 공경하고 아랫사람에게 온순하

게 하니, 5상(五常)[140], 6예(六藝)[141], 3사(三師)[142], 6정(六正)[143] 등이 진흥왕 때에 널리 행해졌다고 한다."고 하였다.[144]

다시 말해서 화랑도 또한 진흥왕이 보이스카웃과 같이 민간에서 청소년들의 자율적인 심신 수련 단체로 내려왔던 풍월도(風月道)를 국가적인 기관으로 확대 발전시켜서 가장 우수한 화랑을 뽑아서 국선(國仙)으로 임명하였는데 이것은 "국가에서 뽑은 대표 화랑"이라는 뜻이다. 풍월도(風月道)는 이두로 '風=바람·밝·발·배'이고 '月=달'이 되어 또한 "風月道=밝달길=倍達道"를 말하는 것이다.[145]

『청학집(靑鶴集)』에서는 환인, 환웅, 단군, 문박씨, 영랑, 보덕신녀, 옥보고, 이순으로 내려오는 선맥(仙脈)과 신라초기에 표공, 참시선인, 물계자, 대세, 구칠, 도선, 원효, 최치원, 이명, 곽여, 최당, 한유한 등으로 전해오는 선맥을 거론하고 있다.[146]

이들 중에서 문박씨로부터 계승했다는 영랑(永郎)은 술랑(述郎)·남랑(南郎)·안상(安詳) 등과 함께 신라 4선(四仙)으로 불리고, 이들은 죽지 않고 살아 있으면서 여전히 악기를 연주하고 명승지를 소요한다고 한다. 사선 중에서 중심 인물이었던 영랑의 도를 계승하였다는 여류선가 보덕(寶德)은 거문고

140) 충, 효, 신, 용, 인(忠孝信勇仁) 등을 말한다.
141) 독서(讀書), 습사(習射), 치마(馳馬), 예절(禮節), 가락(歌樂), 권박(拳博)과 검술(劍術) 등을 말한다.
142) 모든 부락에는 스스로 삼로(三老)를 모셨는데, 삼로는 삼사(三師)라고도 한다. 이것은 어진 덕을 갖춘자, 재물을 베푸는 자, 지혜를 갖춘 자들로 누구나 그들에게 사사(師事)하였다.(『태백일사(太白逸史)』「삼신오제본기」)
143) 현좌(賢佐), 충신(忠臣), 양정(良將), 용졸(勇卒), 명사(名師), 덕우(德友) 등을 말한다.
144) 『三國遺事』, 卷第三, 塔像第四, 弥勒仙花·未尸郎·眞慈師.
145) 양주동, 『古歌研究』, 일조각, 1965, p.528 ; 안호상, 『배달·동이겨레의 한 옛 역사』, 배달문화연구원, 1972, p.320.
146) 이종은 역주, 『해동전도록, 청학집』, 보성출판사, 1986.

(琴)를 안고 다니며 그것을 타면서 노래를 불렀다고 한다. 보덕은 선녀로도 불렸는데, 용모가 물에 뜬 연꽃 같았고 바람을 타고 다닌 것으로 전해진다.

신라 내해왕[재위 196~230] 때의 공신 물계자(勿稽子)도 나중에 속세를 버리고, 거문고를 안고 사체산(師彘山)에 들어가서 나오지 않았다. 효공왕 때 도선(道詵)이 금강산에서 그를 만났는데, 어린아이 같은 얼굴에 눈같은 살결을 하고 물병을 들고 노래를 부르고 있어 나이를 알아보았더니 800세에 가까웠다고 하였다.

옥보고(玉寶高)는 거문고(玄琴)의 창제자로 경덕왕[재위 742~764] 때 사찬(沙粲) 공홍(恭永)의 아들로 지리산에 들어가 거문고를 배워 선도를 터득하였는데, 학금선인(學琴仙人)·옥부선인(玉府仙人) 등의 별칭이 있다.

대세(大世)는 신라의 왕손으로 신라가 좁다고 생각하여 중국의 오월(吳越) 땅으로 건너가 환골탈태하고 신선이 되는 길을 배우기 위하여, 586년[진평왕 8]에 그의 벗인 구칠(仇柒)과 함께 남해에서 배를 디고 떠나 버렸다고 한다.

그 외에 원효는 화랑 출신으로 후일 승려가 되어 의상과 함께 당으로 유학 가다가 해골 물을 먹고 깨달음을 얻어 신라 불교를 대중화 하였으며 『대승기신론소』 등을 남겼다.

최치원은 경문왕 8년(868) 12살에 당으로 유학을 떠나 과거에 급제한 후 황소의 난이 일어나자 《토황소격문(討黃巢檄文)》을 지어 이름을 날렸으며 관리를 지냈다. 885년 귀국 후 진성여왕에게 시무책 10조를 제출하였으나 받아들여지지 않자 선도(仙道)에 심취하여 명산대첩을 떠돌다가 가야산으로 들어가 신선이 되었다고 하며 『계원필경(桂苑筆耕)』을 비롯하여 많은 시문이 전해지고 있다.

④ 백제의 화랑과 선도

백제의 화랑에 대해서는 정명악 씨는 무절(武節)이라고 하였다.[147] 이것이 일본으로 건너가 사무라이(武士)가 되는 '싸울아비'의 어원이 된 것으로도 볼 수 있다. 김교헌은 『신단실기』에서 "백제는 해마다 4월에 하늘에 제사를 드렸는데 이것을 교천(郊天)이라고 한다."고 하였다. 그런데 필자는 백제 한성시대의 왕궁지로 비정되는 하남시 고골에서 천왕사(天王寺)라는 사찰이 발견하였는데 이곳은 마라난타 스님이 가져온 부처님의 진신사리를 모셨던 목탑이 존재했던 왕궁의 중심사찰로 고려, 조선시대에 이곳의 진신사리를 왕궁으로 모셔가기도 하였다. 그리고 고려시대에는 이 지역을 성역화하면서 우리나라 최대의 철불이 만들어져 이 사찰에 모셔지기도 하였다.

그리고 『삼국사기(三國史記)』에 보면 사비시대에도 천왕사가 존재하고 있었다고 기록하고 있으며 부소산성 서쪽 아래에서 발굴되었다. 그리고 남한산성의 백제시대 왕궁지에서 나온 명문기와에는 '천주(天主)'라고 되어 있어 하느님(天神)을 섬겼음을 볼 수 있으며, 백제 무왕이 부수도로 개발했던 익산에서도 하느님을 모셨던 제석사(帝釋寺)라는 절터가 발굴되었다.

천왕사의 '天王'의 명문

남한산성 왕궁지의 '天主'

수촌리의 조우형금동관
(국립공주박물관)

147) 정명악, 『國史大全』, 광오이해사, 1978, p.59.

백제의 문화는 오사카의 키나이(畿內), 신라(新羅)의 문화는 사마네의 이즈모(出雲) 지역, 고구려는 토쿄의 무사시노(武藏野) 지역 등에 포진되어 있었던 것으로 보아 삼국의 무예 또한 이들 지역을 중심으로 각각 발전해 왔을 것으로 보인다. 왜냐하면 미나모토노 요시미쓰(源義光, 1045~1127)[148]는 헤이안(平安)시대 후기의 무장으로 '신라사부로(新羅三郎)'라고 '화랑'으로 부르고 있기 때문이다. 더구나 일본의 고무도(古武道) 가운데 하나로 한국 합기도(合氣道)와 일본 아이키도(合氣道)의 원류가 되는 대동류합기유술(大東流合氣柔術)이 요시미쓰를 개조(開祖)로 삼고 있다.

신라사부로(新羅三郎)의 묘

신라사부로묘에 대한 설명

---

148) 원씨(源氏)는 백제계 차아천황(嵯峨天皇)의 후예로 백제계 환무천황(桓武天皇)의 후예였던 평씨(平氏)와 더불어 쌍벽을 이루게 되자 1180년에 원평전쟁(源平戰鬪爭)을 일으켜 승리하였다.

⑤ 가야의 화랑과 선도

가야(加耶)에 화랑제도에 대해서 전해지는 기록은 없지만 대가야(大加耶)의 지산동 73호분에서 나온 금동제의 오우관(烏羽冠)은 고구려의 벽화에 나오는 것과 같다. 그리고 일본의 국기인 '가라데(唐手道)'를 필자는 원래 가라에서 전해진 무술이라는 뜻인 '가라데(加羅手)'였던 것으로 본다. 왜냐하면 이들은 원래 류쿠국(琉球國)인 오키나와의 무술로 명치시대에 이곳을 점령하면서 무기를 사용하지 못하게 하자 손과 발을 사용하는 무술을 발전시킨 것이라고 한다. 또한, 현재 대가야(大加耶)에서 출토되고 있는 유물 중에 오키나와에서 나오는 보배조개로된 국자가 출토되고 있다. 큐슈(九州) 나가사키현(長崎縣)의 '가르쯔(唐津)'은 "가야인이 온 나루터'라는 뜻이며 그 옆에는 아직도 '카야산(加也山)'이 남아있다.

이러한 것들로 미루어 가야의 무술이 상당히 발달되었을 것으로 보이며 이들 또한 화랑이 존재했을 것으로 보인다. 왜냐하면 금관가야의 마지막 왕으로 신라에 투항했던 구형왕의 아들인 김무력(金武力)은 진흥왕 당시 장군으로서 관산성전투에서 백제의 성왕을 죽였다. 그의 아들인 김서현(金舒玄) 또한 대장군을 지냈고, 그의 손자인 김유신은 대장군으로 삼국통일을 이룩하였기 때문이다. 그리고 『동국여지승람(東國輿地勝覽)』 김해부조에 "가락국의 거등왕(居登王)께서 칠점산의 담시선인을 초대했다. 담시선인은 배를 타고 거문고를 안고와서 이곳에서 바둑을 두며 즐겼기 때문에 이곳을 초선대(招仙臺)라 하였다. 그때 왕과 선인이 앉아있던 연화대석과 바둑판 돌이 지금까지 남아있다. 칠점산은 양산군 남쪽 44리 바닷가에 있으며, 산이 칠곱 봉우리인데, 칠점과 같으므로 칠점산(七點山)이

가야의 조우관

라고 이름하였다."고 한다.

　현재의 부산시 강서구 대저동 김해공항 일대가 바닷가였던 옛날 칠점산 주변이 바다에 떠 있는 7개의 점처럼 보인다 해서 붙여진 이름이다. 일제시대에 일본군에 의해 낙동강 제방 축조와 김해 비행장 건설로 봉우리 3개가 훼손되었으며, 광복 이후 김해공항 건설과 확장으로 또 3개의 봉우리가 없어졌다. 나머지 봉우리 하나마저 해체하던 중 계속 사고가 일어나 중단되었고 최근 칠점산을 관리하는 공군 제5전술 비행단에서 깎이고 남은 산의 부분을 복원하여 지금의 모습을 갖게 되었다. 이것은 가야에 선도의 선인이 존재하였음을 증명해주는 것이다.

⑥ 발해의 화랑과 선도

　발해(渤海)는 풍속이 무(武)를 숭상하여 세 사람이 호랑이 한마리를 당할 수 있다고 하였고, 여자가 남자의 부정(不貞)을 막았다고 한다. 그리고 신교

칠점산

(神教)를 받들어 촌락에까지 단(壇)을 쌓아 제사를 지냈으며 절기에는 남녀가 모여 춤추고 노래하였다고 한다.[149] 발해를 멸망시킨 요나라는 전투시 가장 용맹한 발해유민을 선봉에 세웠던 것을 보면 이들의 무예가 매우 출중했음을 보여주고 있다.

가야

신라

또한 용두산고분에 속하는 발해 3대 문왕의 부인인 효의황후(孝懿皇后)와 9대 간왕(簡王)의 부인인 순목황후(順穆皇后)의 무덤을 발굴한 결과 새의 날개 형태로 되어있는 고구려의 오우관(烏羽冠)과 같은 것이 나오고 있어 발해에도 화랑이 존재했을 가능성이 매우 높다.

고구려

⑦ 고려의 화랑과 선도

고려를 세운 왕건은 고구려를 계승하였다고 천명하였기에 그가 남긴 《훈요십조(訓要十條)》에 4조에는 "우리 동방은 예로부터 당(唐)의 풍속을 숭상해 예악문물(禮樂文物)을 모두 거기에 좇고 있으나, 풍토와 인성(人性)이 다르므로 반드시 같이 할 필요

발해

는 없다."고 하였다. 6조에서는 "나의 소원은 연등(燃燈)과 팔관(八關)[150]에 있는 바, 연등은 부처를 제사하고, 팔관은 하늘과 5악(岳)·명산·대천·용신(龍神) 등을 봉사하는 것이니, 후세의 간신이 신위(神位)와 의식절차의 가감(加

---

149) 權悳奎, 『朝鮮留記略』, 尙文館, 1929, p.75.
150) 팔관회(八關會)는 상고시대의 동맹(東盟)인 "서블", 한맹(寒盟)인 "한블"과 연원이 같은 것으로 "八"의 옛 음이 "발"이기에 그 원의(原義)가 "블곤회"로 곧 고교(古敎)인 "블"의 제전(祭典)이다.(양주동, 『古歌研究』, p.528)

減)을 건의하지 못하게 하라. 나도 마음속에 행여 회일(會日)이 국기(國忌)와 서로 마주치지 않기를 바라고 있으니, 군신이 동락하면서 제사를 경건히 행하라."고 하여 선도(仙道)를 숭상할 것을 당부하고 있다.

그러나 『고려사(高麗史)』 권94, 서희(徐熙)열전에 성종(成宗) 12년(993)에 거란의 소손녕이 쳐들어오자 권신들 중에 서경 이북의 땅을 내어 주자고 하니 이지백(李知白)이 반대하여 "경솔히 토지를 베어서 적국에 주는 것보다 다시 선왕의 연등(燃燈), 팔관(八關), 선랑(仙郞) 등의 일을 행하여 다른 나라(他方)의 다른 법(異法)을 행하지 말고 국가를 보전하여 태평을 이룩함이 좋지 않겠나이까 만일 그렇게 하면 마땅히 먼저 신명(神明)께 고한 다음에 싸움하고, 화해하는 것은 임금께서 재단하소서"하였는데, 이것에 대해서 "이때 성종이 중화(中華)의 풍습을 즐겨 따르니 백성들이 좋아하지 않았기 때문에 이지백이 이것을 언급한 것이었다"라고 지적하고 있다. 이것은 국풍파들이 성종의 모화사상(慕華思想)을 질타하면서 화랑(花郞)을 중흥시킬 것을 주청하고 있는 것이다.[151]

고려의 팔관회(https://jsdmessage.tistory.com)

현종(顯宗) 20년(1029)에는 발해 대조영의 후손인 대연림(大延琳)이 유민들과 반란을 일으켜 요나라의 동경요양부에 흥요국(興遼國)을 세우고 고려에 구원군을 요청하자, 이 당시 곽원(郭元)이 발해의 중흥을 도와 거란을 쳐서 고토(故土)를 수복하자고 군사를 이끌고 압록강 동쪽의 거란을 쳤으나 이기지 못하자 분사하였다.

『고려사(高麗史)』 세가(世家), 권제14, 예종(睿宗) 11년(1116) 4월 17일조에 왕이 "사선(四仙)의 자취는 마땅히 영광을 더하여야 할 것이다. … 이른바 국선(國仙)의 직임은 근래 벼슬에 이르는 문이 많아져서 국선(國仙)의 자리를 구하는 자가 없으니 마땅히 대관(大官)의 자손에게 맡도록 해야 한다."라고 명하여 귀족자제들로 국선을 삼아 화랑을 다시 중흥시킬 것을 명하고 있는 것이다. 이러한 뒷받침이 있었기에 예종 2년(1107)에 윤관(尹瓘) 장군이 여진족을 쳐부수고 두만강 건너 700리까지 차지하고 그곳 선춘령에 '고려지경(高麗之境)'이라는 비석을 세울 수 있었던 것이다.

『선화봉사고려동경(宣和奉使高麗圖經)』 권18, 재가화상(在家和尙)조에는 "재가화상은 가사를 입지 않고 계율도 지키지 않는다. 흰 모시로 만든 좁은 옷에 검은 비단으로 된 허리띠를 두른다. 여자와 결혼하고 아이를 양육한다. 도로를 청소하며 도랑을 파고 성(城)을 짓는 일 등에 모두 종사한다. 변경에 위급한 일이 있으면 단결해서 나아가는데 아주 용감하다. 전쟁에 참여할 때는 누구나 자신의 양식을 싸들고 가기 때문에 국가에서는 비용을 들이지 않고도 전쟁을 치를 수 있다. 전에 거란이 고려에게 패배한 것도 바로 이들 덕분이라고 한다."고 하여 고려(高麗)시대의 화랑(花郞)에 대해서 상세히 전해 주고 있다.

이러한 예를 살펴보면 고려의 몽골 간섭기인 충렬왕(1274~1308) 당시인 『고려사(高麗史)』 권제21, 민적(閔頔) 열전(列傳)에 "그가 비범하게 태어난 것을 보고 이모부인 전 재상 김군(金頵)이 자기 집에서 길렀다. 국속(國俗)에 어릴 때는 반드시 승려를 따라가서 글을 익히게 되어 있었는데, 얼굴과 머리털이 아름다운 남자는 승려든 속세 사람이든 모두 받들어서 선랑(仙郞)이라고 불렀다. 따르는 무리의 숫자가 어떤 경우에는 1,000명이나 100명에 이르기도 하였으며 그 풍속은 신라(新羅) 때부터 비롯된 것이다. 민적은 열 살 때 절에 가서 글을 배웠고 천성이 명민하여 글을 받으면 바로 그 뜻을 깨달았다. 눈썹이 그림과 같고 풍채가 빼어나고 아름다워서 한번 본 사람은 모두 사랑하였다. 충렬왕(忠烈王)이 소문을 듣고는 궁중으로 불러보고는 국선(國仙)이라고 지목하였다. 과거에 급제한 후 동궁(東宮)에 속한 관료로 임명되었다가 여러 번 옮겨서 첨의주서(僉議注書)를 지내고 비서랑(祕書郞)으로 바꿔 임명되었다가 군부정랑(軍簿正郞)으로 옮겨서 은으로 만든 인장과 인끈을 하사받았다."고 한다.

선도를 숭상했던 국풍파(國風派)의 거두였던 윤관 장군이 죽은 후 묘청의 난으로 사대파(事大派)인 김부식(金富軾)에 의해 윤언이(尹彦頤), 정지상(鄭知常), 묘청(妙淸), 백수한(白壽翰) 등이 제거됨으로써 고려의 선도가 쇠퇴하고 말았으니 신채호 선생은 이것을 '조선역사상 1천년래 제1대사건'이라고 개탄하면서[152] "고려시대(高麗時代)에 들어와서는 이들 화랑(花郞)과 조의(皂衣)들이 모두 천민(賤民)이 되어 나라의 국수(國粹)가 무너지고 말았다."고 통탄하고 있다.[153] 그러면서 강감찬(948~1031)과 홍언박(1309~1363)[154]은 선도(仙道)를

---

152) 신채호 저, 이만열 주석, 『주석 조선상고문화사』, 단재신채호선생기념사업회, 1992.

153) 안병직 편, 『신채호』, 한길사, 1979.

154) 충혜왕 원년(1330)에 문과에 급제해, 공민왕 2년(1353년) 동지공거(同知貢擧)로 지공거 이제현(李齊賢)과 함께 과거를 주관해 이색(李穡) 등 33인을 뽑았다. 3년(1354) 문하시중이 되어 기철(奇轍) 일파를 숙청한 공으로 1등공신이 되었다. 10년(1361)에는 문하시중이 되어, 홍건적의 침입 때 피난하자는 여러 사람의 의견에 반대하고 개경을 사수할 것을 주장하였다. 12년(1363)에 김용(金鏞)이 주모한 흥왕사의 난 때 피살되었다.

독실히 믿었으나 자신을 닦는데 전념했을 뿐 드러내어 알리데 힘을 쓰지는 못했다고 안타까워했다.[155]

7) 화랑도의 조직과 세속오계의 진실

① 화랑도의 조직

『화랑세기(花郞世記)』8세 풍월주 문노(文努)편에 화랑도(花郞徒)의 조직이 3부(三部) 나누어져 있었으며 각기 다른 임무를 수행한 것으로 나온다. 좌삼부(左三部)는 도의(道義)·문사(文事)·무사(武事) 등을 담당하였고, 우삼부(右三部)는 현묘(玄妙)·악사(樂事)·예사(藝事) 등을 담당하였으며, 전삼부(前三部)는 유화(遊花)·제사(祭事)·공사(供事) 등을 담당했다고 한다. 이것을 보면 화랑들의 활동분야는 순국무사, 도의 연마, 명산대천의 유오, 노래와 춤 등으로 매우 다양했음을 알 수 있다. 예를 들면 7세 풍월주 설화랑의 낭도들은 향가를 잘했으며 속세를 떠나 유람을 즐겼다고 하며, 8세 풍월주 문노공의 낭도들은 무사(武事)를 좋아했으며 호방한 기질을 가졌다고 한다. 24세 천광공의 낭도들은 공이 친히 활을 쏘고 말달리는 것을 익혔기에 낭도들 중에서 선발하여 병부에 보충하였다고 한다. 그러므로 12세 보리공은 15세에 화랑이 되어 토함공에게 역사(史)를 배우고, 이화공에게는 노래(歌)를 배웠으며, 문노공에게 검(劒)을 배웠고, 미생공에게 춤(舞)을 배웠다고 한다.[156]

화랑도(花郞徒)의 계급을 보면 크게 화랑(花郞)과 낭도(郞徒)로 나누어진다. 화랑의 계급에 대해서는 『화랑세기』8세 풍월주 문노(文努)편에 공이 낭도의 부곡(部曲)을 두었다. 좌우 봉사랑(左右 奉事郞)을 좌우 대화랑(左右 大花郞)으

---

155) 김교헌, 앞책, 1986. p.185.
156) 이종욱, 「신라인의 신라인 이야기」, 『화랑세기』, pp.33~36.

로 만들고, 전방봉사랑(前方奉事郞)을 전방대화랑(前方大花郞)으로 만들어서 각기 3부의 낭도들을 거느리게 하였다. 또 진골화랑(眞骨花郞), 귀방화랑(貴方花郞), 별방화랑(別方花郞), 별문화랑(別門花郞) 등을 두었다. 12~13세의 빼어난 진골(眞骨) 및 대족(大族)의 자제로서 원하는 자를 이들에 임명하였다. 좌화랑(左花郞) 2인, 우화랑(右花郞) 2인 등을 두었으며 이들은 각기 소화랑(小花郞) 3인, 묘화랑(妙花郞) 7인 등을 거느렸다.

낭도(郞徒)의 계급은 크게 나누어 낭도와 그들을 통솔했던 낭두(郞頭)로 나누어지는데 이것에 대해서는 『화랑세기』 22세 풍월주 양도공(良圖公)편을 보면 "국초에 서민의 아들이라도 준수하면 곧 낭문(郞門)에 나아가 낭도(郞徒)가 되었다. 13~14세에 동도(童徒)가 되었고, 18~19세에 평도(平徒)가 되었으며, 23~24세에 대도(大徒)가 되었는데 대도 중에서 입망자(入望者)[157]는 망두(望頭)라고 하였다. 공과 재주가 있는 자를 천거하여 신두(臣頭)로 삼았다. 신두는 낭두(郞頭)가 될 수 없었고, 오직 망두(望頭)만이 낭두기 되었다. 대도가 30살이 되면 병부(兵部)에 속하거나 농공(農工)에 종사하는 일로 돌아가거나 향리(鄕里)의 장(長)이 되었다. 처음에 낭두에는 낭두(郞頭), 대낭두(大郞頭), 낭두별장(郞頭別將), 상두(上頭), 대두(大頭), 도두(都頭)의 7등급이 있었는데 공이 풍월주가 된 후 그 위에 대도두(大都頭), 대노두(大老頭)를 더하여 9등급을 두었다. 도두 이하는 각기 별장을 두어 그 벼슬길을 넓혔고 지위를 높였다"고 한다.[158]

---

157) 낭도 중 대도에서 신두나 망두가 될 수 있는 조건은 풍월주를 지낸 상선(上仙)이나 상랑(上郞)의 마복자들이 입망의 대상자이었다. 마복자(摩腹子)란 임신할 여자가 높은 지위를 가진 사람으로부터 사랑을 받은 후 낳은 아들을 마복자라고 한다. 높은 지위의 세력들은 정치적 지지자들을 갖게 되고 마복자들은 후원자를 갖게되는 신라의 독특한 제도이다.(이종욱, 「용어해설」, 『화랑세기』, pp.397~399).
158) 김대문, 『화랑세기』, 소나무, 2002.

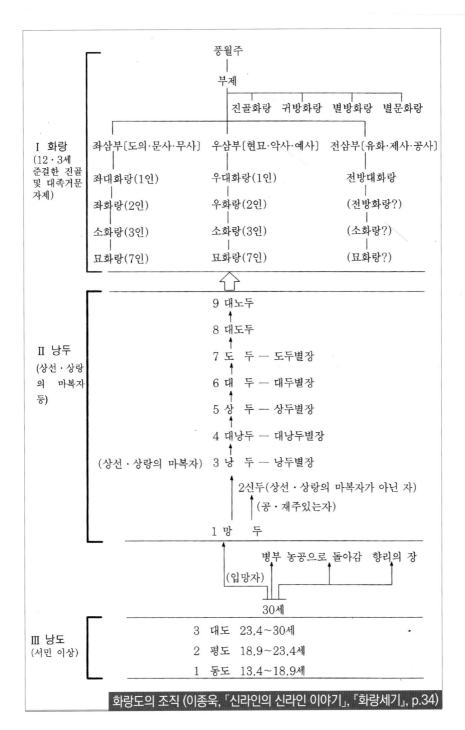

화랑도의 조직 (이종욱, 「신라인의 신라인 이야기」, 『화랑세기』, p.34)

이 책에 수록된 신라의 풍월주는 32세 신공으로 끝이 나는데, 그 이유는 문무왕의 왕후였던 자의태후가 화랑을 폐지하라고 명하여 모두 병부로 예속하게 하고 직책을 주었다고 한다.

『해동고승전(海東高僧傳)』 제1편, 법운(法雲)조에 《화랑세기》에 의하면 처음 선랑으로 선택된 원랑으로부터 신라말기까지 무려 200여 명의 화랑이 배출되었고[159], 한 시대에도 여러 명의 화랑들이 존재하였으며 조정에서는 국선화랑(國仙花郎)을 뽑아서 여러 화랑들을 통솔하게 하였다. 『삼국유사(三國遺事)』에 기록된 국선화랑을 살펴보면, 초대 국선은 진흥왕 때의 설원랑(薛原郎), 진평왕 때에는 김유신(金庾信), 효소왕 때에는 부례랑(夫禮郎), 경문왕 때에는 요원랑(邈元郎)이라는 국선이 있었으며, 경문왕(景文王)의 경우에는 왕이 되기 전인 18세에 국선화랑이 되었다고 한다. 사다함(斯多含)을 따르던 낭도는 1,000명이었고, 김유신을 따르던 용화향도(龍華香徒)의 경우에 700~800명 정도의 낭도들이 따랐으며, 부례랑을 따르던 낭도는 1,000여 명이나 되었다고 한다. 이들을 관리하기 위해서는 군사조직처럼 계급이 존재하였음을 볼 수 있으며, 유사시에는 이들을 이끌고 전투에 투입되기도 하였다.

② 여자화랑인 원화(源花)와 여신선(女神仙)

『북부여기(北夫餘紀)』상에 해모수(解慕漱)에 대해서 빛나는 눈빛과 용맹한 자태로 사람들이 천왕랑(天王郎)이라 우러렀는데, 머리에는 오우관(烏羽冠)을 쓰고 허리에는 용광검(龍光劍)을 찼으며 오룡거(五龍車)를 타고 다녔다고 한다. 『태백일사』 「삼신오제본기」에 "원화(源花)는 여랑(女郎)을 말하고, 남자를

---

159) 장휘옥, 『해동고승전연구』, 민족사, 1991, p.87 ; 『삼국사기(三國史記)』, 권제47, 제7, 김흠운(金歆運) 열전(列傳).

화랑(花郎) 또는 천왕랑(天王郎)이라고도 하니, 임금의 명령에 의하여 까마귀 깃털이 달린 모자[烏羽冠]를 하사 받았다.

『삼국유사(三國遺事)』, 권제3, 탑상(塔像) 제4, 미륵선화(彌勒仙花)·미시랑(未尸郎)·진자사(真慈師)의 기록을 보면 "진흥왕은 천성이 풍미(風味)하고 신선(神仙)을 매우 숭상하여 민가의 낭자 중에서 아름답고 예쁜 자를 택하여 받들어 원화(原花)로 삼았다. 이것은 무리를 모아서 인물을 뽑고 그들에게 효도와 우애, 그리고 충성과 신의를 가르치려함이었으니, 또한 나라를 다스리는 대요(大要)이기도 하였다. 이에 남모랑(南毛娘)과 교정랑(峧貞娘)의 두 원화(源花)를 뽑았는데, 모여든 무리가 300~400명이었다. 그 후 서로 투기함으로써 폐지되었다가 여러 해 뒤에 왕은 또 나라를 흥하게 하려면 반드시 풍월도(風月道)를 먼저 해야 한다고 생각하여, 다시 명령을 내려 좋은 가문 출신의 남자(男子)로서 덕행이 있는 자를 뽑아서 화랑(花郎)이라고 하였다. 그러므로 신채호 선생은 낭가(郎家)에서 여자 교사는 원화(源花)라 하고, 남자 교사는 화랑(花郎)이라 불렀던 것을 모르고 혼동하고 있다고 지적하고 있다.[160]

어사추여랑(於史鄒女郎)은 화랑들에 대한 기록을 남기고 있는 천전리암각화에 새겨져 있는 여자로 진흥왕의 아비인 입종갈문왕이 혼인하기 전인 525년 6월 18일에 그녀와 함께 이곳에 와서 글씨를 새기고 서석곡(書石谷)이라 칭하였다. 이글에서는 그녀를 '친구같은 자매(友妹)'라고 표현하고 있으며, 14년 후에 입종갈문왕의 부인이며 진흥왕의 어미인 지소태후가 이곳에 새겨놓은 글에도 그년을 입종갈문왕의 '누이[妹]'라고 하였다. 그 당시 입종갈문왕이 법흥왕의 왕위계승자였던 것으로 보아 그녀 또한 여자화랑

---

160) 신채호 지음, 이만열 역주, 『譯註 朝鮮上古文化史』, 단재 신채호선생 기념사업회, 1992, p.360.

인 원화(源花)였을 가능성이 매우 높다.[161]

지소태후(只召太后)는 진흥왕의 어미로 법흥왕과 보도왕후의 딸로 태어나 법흥왕의 동생인 입종갈문왕(立宗葛文王)과 결혼하여 삼맥종을 낳았다. 그녀는 여자화랑인 원화(源花)로서 수련을 하였던 것으로 삼맥종이 7세에 왕위에 올라 진흥왕(眞興王)이 되자, 처음 1년간은 보도부인이 섭정하였다가 11년[541~551] 동안 지소왕태후가 섭정하게 되었다. 그녀는 화랑도(花郎徒)를 국가에서 관장하여 인재를 등용하면서 그 인사권을 가지고 원화(源花) 제도를 폐지하고[162] 위화랑(魏花郎)을 제1대 풍월주로 임명하고, 이사부와 거칠부를 발탁하였다. 현재 울산시 천전리암각화에는 법흥왕 26년(539)에 지소태후가 어미인 보도태후와 어린 아들인 삼맥종을 데리고 다녀간 기록이 남아 있는데 이때는 남편인 입종갈문왕이 죽은 2년 후이며 진흥왕이 왕위에 오르기 1년 전이었다.[163]

미실(迷失)은 옥진궁주의 외손녀로 지실태후의 명으로 그녀의 아들인 세종전군(世宗殿君)에게 시집을 갔다. 그후 진흥왕의 총애를 받아 권력을 장악하자 568년에 제6대 풍월주였던 남편을 폐지하고 스스로 원화(源花)가 되었다. 진흥왕 37년(575)에 미실이 자신에게 집착하는 동륜태자(銅輪太子)의 관심을 다른 여자들에게 돌리기 위해 동생인 미생과 설원랑에게 시켜서 태자와 함께 유화들과 놀기 위해 야밤에 대궐 담장을 넘다가 개에게 물려 사

---

161) 정현축, 『한국 선도 이야기』, 율려, 2016, pp.172~173.
162) 입종갈문왕이 죽자 법흥왕은 옥진궁주를 총애하여 그녀의 남편인 영실공을 부군(副君)으로 삼고 법흥왕과 진골인 옥진궁주 사이에서 낳은 비대공(比臺公)을 태자로 삼았다. 그러나 법흥왕이 죽자 성골이었던 지소태후를 어미로 둔 진흥왕이 왕위를 계승하게 되었다. 이 당시 원화는 삼산공의 딸이었던 준정(俊貞)이었는데, 지소태후는 자기를 도와준 삼엽궁주의 아들인 미진부공의 아내 남모(南毛)로 바꾸어 버렸다. 이에 준정이 남모를 초대하여 독살해 버리자 지소태후가 원화제도를 폐지하게 된 것이다.(정현축, 윗책, pp.175~176)
163) 정현축, 앞책, pp.167~171.

망하게 되었다. 그로 인하여 미실에게 주었던 원화가 폐지되고 그녀의 남편인 세종전군을 다시 풍월주로 복귀시켰다. 그러나 진흥왕이 죽자 미실이 다시 원화로 복귀하여 제7대 풍월주에 설원랑을 임명하여 자기 아래에 두었다. 그리고 동륜태자의 아들을 제치고 진흥왕의 둘째 아들을 진지왕(眞智王)에 올렸으나, 그가 다른 여자를 좋아하자 색을 밝히고 방탕하고 하여 진지왕을 폐위시키고 동륜태자의 아들을 진평왕(眞平王)으로 앉혔는데, 이때 공을 세운 문노(文努)를 제8대 풍월주로 삼았다. 그녀의 아비였던 미진부공(未珍夫公)은 제2대 풍월주였고, 미실의 연인이었던 사다함(斯多含)은 제5대 풍월주였으며, 미실의 내연이자 심복인 설원랑(薛原郎)은 제7대 풍월주, 미실의 동생인 미생(美生)은 제10대 풍월주, 미실의 아들인 하종(夏宗)은 제11대 풍월주로 삼았다. 그녀는 진흥왕, 진지왕, 진평왕 등을 거치면서 원화로서 이들을 다스렸던 것이다.[164]

고구려의 백암성(白巖城)인 연주성(燕州城)에는 연개소문의 여동생인 연소정(淵素貞)[165]이 이 성을 지켰으며 그녀가 하늘에 제사를 지냈다는 천단(天壇)

---

164) 김대문 지음, 이종욱 옮김, 『화랑세기』, 소나무, 1999.
165) 1934년에 개주 현장을 지낸 신광서(辛廣瑞)가 세운 《청석관고비중수비(青石關古碑重修碑)》라는 비문에 청석관이 고당전쟁의 전적지로서 고구려 대막리지 연개소문의 지시에 따라 그의 여동생 연개소정(淵蓋蘇貞)이 쌓고 지키던 곳이라고 하였으며, 『개평현향토지(蓋平縣鄉土志)』에는 비운채(飛雲寨) 남쪽 비탈 밭에 봉분 하나가 있었는데 봉분 남쪽에는 약 3척 높이의 윗부분이 둥근 비석이 있었는데 개소정(蓋蘇貞)의 묘라고 전해지고 있다고 하였다. 그리고 『서곽잡록(西廓雜錄)』과 『비망열기』의 야사집에도 나오고 있다. 그녀는 연수영(淵秀英) 또는 개수영(蓋秀英)이라고도 전해지며 석성(石城)인 성산산성의 비석에 의하면 그녀가 수전(水戰)에 매우 능하여 보장왕 1년(642) 석성도사가 되자 전함 70여척과 수군 5000명을 따로 준비하였는데, 4년(645) 당군의 수군기지인 창려도를 쳐서 적함 100여척을 불태우고 2만명을 죽여 수군장군 겸 모달로 승진하였고, 대흠도와 광록도를 쳐서 적선 50여척을 불태우고 800여명을 죽였다. 다시 노백성과 가시포를 쳐서 적석 80여척을 불태우고 5000여명을 죽여 수군군주로 승진하게 되자, 본진을 광록도 부근의 노백성을 옮겼다. 비사성(卑奢城)에서 발견된 비문(碑文)에는 보장왕 4년(645) 음력 8월 15일에 벌어진 요동반도 남해안 대장산도 해전에서 당군은 1000여 척의 전함에 10만여 대군을 동원했으나 연수영의 고구려 수군에게 대패해 총 군세의 절반인 수백 척의

이 내성인 아성(牙城) 안에 남아있으며, 석성(石城)인 성산산성에는 그녀가 지었다는 소장루가 있는데 이것 또한 9층으로 이루어져 있어 천단(天壇)으로 보고 있다.[166] 이것으로 보아 그녀가 고구려의 여자화랑인 원화(源花)였을 것으로 본다.

백제에는 의자왕의 딸인 계산공주(桂山公主)가 있는데 그녀는 어려서부터 검법을 좋아하여 매우 심오한 뜻을 통달했으며, 특히 남해의 여도사로부터

백암성의 아성과 천단

석성의 소장루(윤명철)

전함과 3명의 대장을 비롯해 5만여 명의 병력을 잃는 참패를 당하고 말았다. 그러므로 『구당서(舊唐書)』에서는 이당시 벌어진 해전의 참패에 대해 "적보다 5배나 많은 군사로도 이기지 못했으니 장차 어찌하랴"고 한탄하고 있다. 그리고 5년(646) 산동반도의 봉래를 쳐서 이겨 수군원수가 되었다. 다음해인 647년 7월에 당태종은 우진달을 청구도행군총관에 임명하여 내주(萊州)를 떠나 수군으로 쳤고. 다음해에도 설만철을 청구도행군대총관으로 삼아 3만명의 수군으로 내주를 떠나 압록강의 박작성을 쳤으나 퇴패하였다. 그러나 이복오라버니였던 연정토의 참소로 파직되어 연소정은 부여성으로 유배를 당하게 되었고 수군원수에 연정토가 오르게 되었다. 그는 당나라 수군기지인 신성도 협량곡을 공격했다가 참패하게 되자 파직당하고 연소정이 다시 복위되었다. 그러나 오고성(吳姑城)에서 발굴된 비문(碑文)에는 연개소문이 죽은 후인 "개화(開化) 12년 8월 신해 8월 태대형 연정토, 을상 선도해, 대신 계진 등이 '태대사자(太大使者) 연수영이 모반을 도모한다'고 참소하니 태왕도 연수영이 다른 뜻을 품었다고 의심했다. 태왕이 고심하다가 연수영을 파면했다. 풍문에는 연수영이 반역을 꾀했다는 참소로 사사됐다고도 하고, 전리로 방출돼 행방이 묘연하다고 했다. 나라사람들은 연수영의 무죄를 믿었기에 이를 매우 통탄했다."고 한다.(http://hgs.2000.egloos.com)

166) 윤명철, 「고구려 요동 장산군도의 해양전략적 가치연구」, 『고구려발해연구』 제15집, 고구려발해학회, 2003.

신술(神術)을 습득하여 선술(仙術)에도 능통했다고 한다. 더구나 자용병기(自勇兵器)라는 무기를 발명하여 스스로 천하무적이라고 일컬었다. 신라가 당의 소정방과 함께 백제를 쳐들어왔을 때에 그녀가 한 마리의 까치(鵲)가 되어 신라의 진중을 정찰하였다. 그러나 신술에 능통한 신라의 명장 김유신에게 발각되어 신검(神劍)을 겨누자 땅에 떨어지고 말았다. 김유신이 그녀를 풀어주자 부왕인 의자왕에게 신라와 화목하기를 권했지만 받아들여지지 않자 자신이 만든 자용병기를 부수고 부소산으로 숨어 버렸다고 한다.[167] 이것은 계산공주가 백제의 원화였음을 말해주고 있다.

여신선(女神仙)은 환웅 → 단군 → 문박 → 을밀, 안류, 영랑 등으로 내려오는 우리나라 고유의 정통 선맥을 스승이었던 영랑(永郞)으로부터 이어받은 보덕(寶德)은 여신선으로 옥보고와 이순에게 도를 전했다고 하여 7~8세기 통일신라 당시의 인물로 보고 있다. 그리고 김시습(金時習)의 제자였던 홍유손(洪裕孫)은 밀양에 사는 청상과부 박씨에게 도를 전수하였는데, 그녀는 이름을 묘관(妙觀)이라고 한다. 그 외에 묘청의 주청으로 고려 인종이 설치한 팔성당에 모셔진 8명의 성인 중에 두악선녀(頭岳仙女)를 『규원사화(揆園史話)』에서는 환검신인의 어머니라고 기록하고 있어 웅녀 또한 여신선이 되었음을 알 수 있다.

『동국여지승람(東國輿地勝覽)』에 박혁거세의 어머니인 선도성모(仙桃聖母)는 어려서부터 선술(仙術)을 익혀 마침내 신이 되었다고 한다. 『오계일지집(梧溪日誌集)』에는 고구려 태조왕이 옥저를 멸망시키고 단옥(丹玉), 벽옥(碧玉) 등의 왕녀를 취하려 하자 이것을 거절하고 산에 들어가 선도를 배워 신선이 되었다고 한다. 『해동이적보(海東異蹟補)』에는 충주의 풍류산에 노닐었다는 장미선

---

167) 이도학, 『백제 계산 공주 이야기』, 서경문화사, 2020.

녀(薔薇仙女)와 연주선녀(連珠仙女)에 대해 기록하고 있다. 『순오지(旬五志)』에는 음식을 먹지 않고 냉수만 먹어도 얼굴에 윤기가 나고 걸음걸이가 나는 듯 했다는 효산의 손녀, 『해동이적보』에는 화식을 하면서 천년을 살았다는 백 제의 궁녀 이야기와 아들을 잃고 홀로 사는 노모가 화식을 끊고도 수백 년 을 살았는데 처녀와 같았다는 춘천구(春川嫗) 이야기 등이 기록되어 있다.[168]

그리고 『북사(北史)』에는 고구려 시조 고주몽의 어머니인 유화부인이 '부 여신(夫餘神)'으로 모셔지고 있다고 언급되어 있다. 『제왕운기(帝王韻紀)』에 고 려 왕건의 어머니인 성모(聖母)를 '지리산천왕(智異山天王)'이라고 언급하고 있 는데, 지리산 노고단 아래에는 성모사(聖母祠)가 있으며 현재 성모석상(聖母石 像)이 남아있다.

③ 세속오계의 진실

화랑도가 사용했던 세속오계에 대한 『삼국유사(三國遺事)』 권세4, 의해(義 解) 제5, 원광서학(圓光西學)의 기록을 보면 "어진 선비 귀산(貴山)이라는 자는

---

168) 임채우, 『한국의 신선』, 소명출판, 2018.

지리산 성모석상

부여신(평양 대성산성)

사량부(沙梁部) 사람이다. 같은 마을 추항(箒項)과 벗이 되었는데 두 사람이 서로 일러 말하기를 "우리들은 사군자(士君子)와 더불어 교유하고자 기약하였으나 먼저 마음을 바로 하고 몸을 지키지 않으면 곧 모욕당함을 면치 못할 것이다. 현자(賢者)의 곁에서 도를 묻지 않겠는가?" 하였다. 이때 원광법사가 수나라에 갔다 돌아와 가슬갑(嘉瑟岬)에 머문다는 것을 들었다. 두 사람은 문에 나아가 고하여 말하였다. "속사(俗士)는 몽매하여 아는 바가 없습니다. 원컨대 한 말씀 내리셔서 평생 동안의 교훈으로 삼게 해주십시오." 원광이 말하였다. "불교에는 보살계(菩薩戒)가 있으니 그것은 10가지로 구별되어 있다. 너희들은 다른 이들의 신하와 자식된 자이니 능히 감당할 수 없을 것이다. 지금 세속에 5개의 계율(世俗五戒)이 있으니 '첫 번째는 충성으로 임금을 섬긴다, 두 번째는 효로 부모를 섬긴다, 세 번째는 친구와 사귐에 믿음이 있게 한다, 네 번째는 전투에 임하여 물러섬이 없다, 다섯 번째는 살생을 함에 가림이 있게 한다'이다. 너희들은 그것을 행함에 소홀함이 없게 하라"고 하였다.

즉 세속오계란 그 당시 이미 세상의 습속으로 내려왔던 5가지의 계율을 원광법사가 간단하게 한자로 정리해 주었다는 이야기이다. 신채호 선생도 세속오계가 단군으로부터 전해져 온 것이라고 하였다.[169] 더구나 『태백일사』 「삼신오제본기」에 "소도(蘇塗)가 서면 언제나 계(戒)가 있나니 바로 충(忠), 효(孝), 신(信), 용(勇), 인(仁)의 오상(五常)의 도(道)이다."라고 말하고 있는 것이 그것이다.[170]

---

169) 신채호, 윗책. p.103.
170) 단단학회 편, 앞책, 1979.

8) 화랑도 수련의 유적

① 귀산, 추항과 가슬갑사지, 아막성

『삼국사기』 열전 귀산전과 『삼국유사』의 두 곳에 있는 세속오계의 전수 과정을 간단하게 요약하면 귀산(貴山)은 아간(阿干) 무은(武殷)의 아들이었다. 어렸을 때 같은 부 출신의 추항(箒項)을 친우로 사귀어 두 사람은 서로 "우리는 사군자(士君子)와 교유하기로 기약하고, 먼저 마음을 바르게 하고 몸을 바로 잡지 않으면 장차 치욕을 면치 못할까 두려우므로 곧 어진 사람의 곁으로 가서 옳은 도리를 듣기로 하자"고 하였다.

원광 법사가 수나라에 들어가 유학하고 돌아와서 운문산의 가슬사에 있었는데 그때 사람들이 높이 예우하였다. 귀산과 추항 등이 찾아와 계명을 삼을 만한 말씀을 주시기 바란다고 하였다. 이에 원광법사는 "지금 세속에 전해오고 있는 오계가 있으니 첫째는 임금 섬기기를 충성으로써 하고, 둘째는 어버이를 섬기기를 효로써 하고, 셋째는 친구 사귀기를 신의로써 하고, 넷째는 전쟁에 임하여 물러서지 않고, 다섯째는 생명 있는 것을 죽이되 가려서 한다는 것이다. 너희들은 실행에 옮기어 소홀히 하지 말라."고 당부하였다.

가슬갑사지

아막성

이러한 다섯가지 계율을 들은 귀산이 "다른 것은 이미 말씀을 알아들었습니다만 이른바 생물을 죽이되 가려서 죽이라는 말씀은 아직 이해되지 않습니다."라고 하였다. 이에 원광은 "육재일(六齋日)과 봄, 여름철에는 살생하지 말라는 것이니 이것은 시기를 가리는 것이요. 가축을 죽이지 않는다는 것은 곧 말, 소, 닭, 개를 죽이지 않는 것을 말하는 것이며 세물(細物) 즉 작은 동물을 죽이지 않는다는 것은 곧 고기가 한 점도 되지 못한 것을 죽이지 않는다는 말이며 이것은 생물을 가리는 것이고, 또한 죽이는 것도 그 소용되는 것만 하지 많이 죽이지는 말라는 의미"라고 부가적으로 이야기하였다고 전한다.

원광의 가르침을 따라 세속 오계를 실천한 귀산은 602년(진평왕 19) 8월에 백제가 군사를 크게 일으켜 아막성(阿莫城)을 포위함에 귀산과 추항도 전선에 나가게 된다. 이후 백제가 패하여 천산의 못가에 물러가 군대를 숨겨 기다리고 있다가 신라군이 진격할 때 갑자기 복병을 하고 진격함에 따라 신라군이 후퇴하게 된다. 이에 귀산은 큰 소리로 "내가 일찍이 스승에게 들으니 용사는 싸움 마당에 다다라 물러서지 말라고 하였으니, 어찌 감히 달아나는가."라고 소리를 지르면서 나아가 적과 함께 싸웠으며, 이후 귀산은 상처로 인하여 죽음을 맞이했다고 전한다.

② 천전리암각화의 화랑 각석

대곡천의 반구대암각화 상류에 있는 천전리암각화는 상단과 하단으로 나누어진다. 상단에는 동물 그림과 동심원, 마름모, 나선형 등 선사시대 암각화가 그려져 있으며, 하단에는 신라시대의 세선화와 300여 자의 명문이 새겨져 있다. 신라의 화랑들은 경주의 남산을 비롯하여 금강산, 지리산 등과 같은 명승대천을 찾아다니면서 심신을 수양하고 단련하였다고 한다. 이곳에 새겨진 화랑의 천전리 각석 오른쪽 아랫부분에 새겨져 있는 여러 부류의 사람 이름 가운데에 화랑의 이름이 가장 많다. 신라가 삼국통일을 이루기 전의 화랑 문첨랑(文僉郞), 영랑(永郞), 법민랑(法民郞), 호세랑(好世郞)과 흠순(欽純)171이 나온다. 통일 이후의 관랑(官郞)과 모랑(慕郞)172의 이름도 있다.

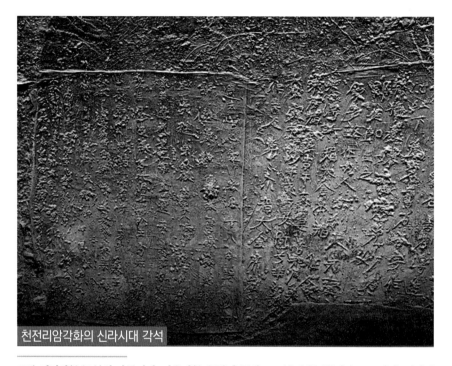

천전리암각화의 신라시대 각석

171) 김서현(金舒玄)의 아들이며, 김유신(金庾信)의 동생으로 '흠춘(欽春)'이라고도 한다. 어려서 화랑이 되어 인덕과 신의가 깊어 크게 존경을 받았다. 660년(태종무열왕 7) 6월 나당 연합군이 백제를 정벌할 때 품일(品日)과 함께 김유신을 도와 계백(階伯)의 백제군과 황산(黃山)에서 결전을 벌이게 되었는데, 신라군은 네 번 싸워 모두 패하였다. 이 때 흠순이 자기 아들인 반굴(盤屈)에게 "신하 노릇을 하자면 충(忠)만한 것이 없고, 자식 노릇을 하자면 효(孝)만한 것이 없다. 나라가 위기에 처해 목숨을 바치면 충효를 함께 하는 것이다."라고 말하니, 반굴은 곧 적진에 뛰어들어 용맹히 싸우다가 죽었다고 한다.

172) 모랑(毛郞)은 법흥왕과 보과공주의 아들이며, 남모의 동생이다. 미진부가 풍월주가 되자 모랑이 부제가 되었는데, 548년에 미진부(未珍夫)가 풍월주에서 물러나자 지소태후의 명으로 뒤를 이어 풍월주가 되었다. 모랑은 위화랑공의 딸이자 이화랑(二花郞)의 누이인 준화(俊華)를 부인으로 맞았으며, 딸 준모를 얻었다. 555년에 비사벌(比斯伐)을 여행하던 도중 병을 얻어 요절하였다고 한다.(김대문, 『화랑세기』, p.56)

이 화랑들 중에서 영랑(永郎)은 신라의 화랑 중에서 가장 유명한 술랑, 남랑, 안상 등과 더불어 사선(四仙)으로 불리웠던 인물로 가장 뛰어나 속초의 '영랑호'는 그가 노닐던 곳이었기에 붙여진 이름이다. 이곳의 각석 중에는 "술년 6월 2일 영랑이 업을 이루었다.(戌年六月二日永郎成業)"라는 내용이 있어 화랑인 영랑이 이곳에서 수련하여 그것을 이루었다는 것이다. 그리고 '법민랑(法民郎)'이 바로 삼국통일의 대업을 이룬 문무왕(文武王)의 화랑 시절 이름이다. 그 밖에 호세(好世), 수품(水品)[173] 등의 아름도 보이는데 호세(好世)는 『삼국유사(三國遺事)』 권제4, 제5 의해(義解)조에 진평왕 때에 화랑이었던 호세랑으로 확인되고 있는 것으로 보아 이곳이 화랑들의 수행처였음이 증명해 주고 있다.

더구나 하단 중앙에는 두 가지의 명문이 14년의 시간적 차이를 두고 새겨져 있다. 먼저 525년 을사년에 쓰인 각석의 내용은 "을사년에 사훼부의 갈문왕(葛文王)이 찾아 놀러와 처음으로 골짜기를 보았다. 오래된 골짜기인

乙巳▨」
沙喙部葛」
文王覓遊來始得見谷▨」
之古谷无名谷善石得造書」
𢀽以下爲名書石谷字作之」
幷遊友妹麗德光妙於史」
𠩬安郎三之」
食多煞作功人尒利夫智奈」
悉得斯智大舍帝智作食人」
榮知智壹吉干支妻居知尸奚夫人」
眞宋智沙干支妻阿兮牟弘夫人」
作書人慕𠀉尒介大舍帝智」

천전리각석(右同)

過去乙巳年六月十八日昧沙喙」
部徙夫知葛文王妹於史鄒安郎」
三共遊來以後▨年八巳年過去妹王考」
妹王過人丁巳年王過去其王妃只沒尸兮妃」
愛自思己未年七月三日其王与妹共見書石」
叱見來谷此時共三來 另卽知太王妃夫乞」
支妃徙夫知王子郎深▨夫知共來此時▨」
作功臣喙部知礼夫知沙干支▨泊六知」
居伐干支礼臣丁乙尒知奈麻作食人眞」
宍知▨尒干支婦阿兮牟呼夫人尒夫知居伐干支婦」
一利等次夫人居▨次▨干支婦沙爻功夫人分共作之」

천전리각석

(한국역사연구회 지음, 『고대로부터의 통신』, 푸른역사, 2003)

173) 수품(水品)은 구륜공(仇輪公)이 반야공주(般若公主)를 아내로 맞아 낳은 아들이다. 구륜공의 아버지는 진흥왕이고 어머니는 사도왕후이다.(윗책, p.210)

데도 이름이 없는 골짜기이므로, 좋은 돌을 얻어 글을 짓고 계곡을 '서석곡(書石谷)'으로 이름을 정하고 글자를 새기게 하였다. 갈문왕과 함께 온 벗과 사귀는 누이는 아름다운 덕을 지닌 밝고 신묘한 '어사추여랑님'이다."라고 하였다. 이 당시는 신라 법흥왕 12년(525)으로 등장인물들은 법흥왕의 동생인 입종갈문왕(立宗葛文王)과 그의 연인이자 누이였던 '어사추여랑(於史鄒女郎)'이다. 이 당시 신라 왕족 사이의 근친혼은 일반적인 일이었기 때문에 어사추여랑은 갈문왕의 사촌누이로 둘은 혼인을 기약했을 것으로 보고 있다.

　그러나 입종갈문왕은 사랑하는 어사추여랑과 결혼하지 못하고 형님이었던 법흥왕의 딸이며 조카였던 지몰시혜비(只召夫人)와 결혼하게 된 것이다. 이것은 아들이 없던 법흥왕이 후사를 위한 정략적 결혼이었지만 결국 입종갈문왕은 왕위를 잇지 못하고 죽게 된다.

　이 명문으로부터 14년 후인 539년 기미년에 쓰인 각석에는 "지난 을사년 6월 18일 새벽에 사훼부의 사부지갈문왕(徙夫知葛文王)과 누이 어사추여랑께서 함께 놀러 오신이후 몇 년이 지났다. 누이를 생각하니 누이는 돌아가신 사람이다. 정사년(537년)에 갈문왕도 돌아가시니, 그 왕비인 지몰시혜비(只沒尸兮妃: 只召夫人)께서 애달프게 그리워하시다 기미년 7월 3일에 갈문왕과 누이가 함께 보고 글을 써놓았다는 돌을 보러 계곡에 오셨다. 이때 셋이 왔는데, 무즉지태왕(另卽知太王: 法興王)의 왕비인 부걸지비(夫乞支妃: 只召夫人의 母)와 사부지(갈문)왕의 아들이신 심○부가 함께 오셨다."라고 기록되어 있다.

　이것은 539년 당시 어머니 지소부인과 함께 천전리 각석에 행차했던 사부지왕자(徙夫知王子)란 입종갈문왕의 아들인 삼맥종(彡麥宗)으로, 한강 유역을 확보하고 삼국통일의 기반을 닦은 진흥왕(眞興王)이다. 이와 같이 천전리 계곡은 신라 서라벌 귀족과 화랑이 즐겨 찾던 명소이자 수련지였음을 알 수 있다.

③ 오대산의 우통수와 울진의 성류굴

우통수는 『동국여지승람』에 "서대 장령 밑에 샘물이 솟아나는데 그 빛깔이나 맛이 특이하고 무게도 보통물보다 무거웠다. 사람들은 그 샘물을 우통수(于筒水)라 불렀다. 우통수가 바로 한강의 시원이다. 사람들은 우통수의 빛과 맛이 변하지 않음이 마치 중국 양자강의 경우와 마찬가지라고 하는 뜻에서 '중냉(中冷)'이라고 부른다. 중냉이란 중국의 고사에 나오는 물 이름인데, 여러 줄기의 냇물이 모여서 강을 이루고 바다를 이루지만 특히 중냉의 물만은 다른 것들과 어울리지 않고 그 찬맛을 그대로 간직하고 있다는 고사를 말하는 것이다."라고 기록되어 있다.

고대에는 오악(五嶽)과 산천(山川)에 제사를 드려왔는데 그중에서도 한반도의 중추적인 역할을 하였던 한강의 발원지는 매우 중요한 의미를 지니고 있었다.[174] 우통수는 속리산의 삼파수와 충주 달천과 함께 조선의 삼대 명수로 꼽히고 있다.

한강의 발원지인 오대산의 우통수

---

174) 땅이름학회의 이형석 박사에 의해 한강의 발원지로 검룡소로 제기되었으며 1987년 국립지리원에서 위성으로 측정한 결과 한강의 시원은 태백의 '검룡소'라고 밝혀지게 되었다.

『삼국유사』권제3, 제4 탑상(塔像)조에 신라 신문왕의 태자 보천(寶川), 효명(孝明)의 두형제가 각각 무리 1000명을 거느리고 명주의 하서부(河西府)에 있는 세헌(世獻) 각간의 집에 하루밤을 유하고 대관령인 대령을 넘어 성오평(省烏坪)에 이르러 여러 날을 유람하더니, 문득 하루 저녁에는 형제 두사람이 속세를 떠날 뜻을 은밀히 약속하고 아무도 모르게 도망하여 오대산에 들어가 숨었다. 형 보천태자는 오대산의 중대(中臺) 남쪽 아래 진여원(眞如院)터 아랫산 끝에 푸른 연꽃이 핀 곳을 보고 그곳에 풀로 암자를 짓고 살았다. 동생 효명은 북대(北臺) 남쪽 산 끝에 푸른 연꽃이 핀 것을 보고 역시 풀로 암자를 짓고 살았다. 형제 두 사람이 예배하고 염불을 수행하고 오대(五臺)에 나아가 공경하여 예배하였다. 이 보천, 효명태자가 매일 우통수 물을 길어다 부처님께 공양을 올리고 기도를 드렸다고 한다.

보천태자는 신라왕실에서 왕위에 오를 것을 명하였으나 이를 물리치고 오대산을 떠나지 않았고 효명태자는 후에 성덕대왕이 되있다. 서대의 염불암은 보천·효명태자가 창건한 것으로 추정하며 옛날에는 수정암이라고 하였는데 무량수여래불을 주불로 모시고 일만의 대세지보살이 항상 상주설법하는 곳이라 전한다. 고려 중기까지도 많은 수행승들이 수도하던 곳이었으나 공양왕 말년 원인 모를 불이 나서 전소되고 말았다. 이때 조계운, 석나암, 유공목암, 영공 등이 뜻을 모아 중창하기로 하고 권선을 하여 조선

성류굴의 화랑 모습(상동)

태조 2년 봄에 불탄 자리에 공사를 시작하려던 중, 우통수 옆 숲 아래 자리를 보았더니 잡초가 덮여 있기는 하지만 경승이라 할 만하여 대중들이 의논하여 그곳에 절을 짓기로 하고 터를 다졌다. 그런데 그곳에서는 놀랍게도 주춧돌이 그대로 남아있고 한눈에 보아도 옛 절터였음을 알 수 있는 기물들이 나와 이것이 사실이었음이 밝혀지게 되었다.

『삼국유사』권제3, 제4 탑상(塔像)조에 보질도태자는 항상 골짜기의 신령한 물을 마시고, 육신이 하늘을 날아 유사강(流沙江)에 이르러 울진대국(蔚珍大國)의 장천굴(掌天窟)에 들어가 수도하고 다시 오대산의 신성굴(神聖窟)로 돌아와 50년 동안 수도하였다고 한다. 즉 보천(寶川), 또는 보질도(寶叱徒)태자는 왕위를 사양하고 불법만 닦았다. 오대산 우통수의 물을 길어 마셔 나중에는 허공을 붕붕 날아다녔다.

그는 유사강 너머 울진국 장천굴인 현재의 성류굴로 가서 '수구다라니경'을 밤낮으로 독송하였다고 한다. 어느 날 굴신(窟神)이 보천 앞에 나타났다. "내가 이 굴의 신이 된 지 2,000년이다. 오늘에야 수구다라니경의 참뜻을 알았다. 보살계를 받고 싶다." 굴신이 불법(佛法)을 받아들이겠다고 한 것이다. 보천이 보살계를 주자, 이튿날 굴의 형체가 사라졌다. 그후 굴 이름은 장천굴에서 성인 보천이 머물렀던 곳이라 해서 성류굴(聖留窟)로 불렸

공랑(共郞)의 화랑 각석(좌동)

성류굴의 신라시대 각석

(http://digitalchosun.dizzo.com)

다. 수천 년간 재래 신앙의 성소였던 굴의 주인이 보천을 만나 불의에 귀의함에 따라 이를 기린 성류사가 세워졌고, 신라 화랑과 승려들이 이곳을 수련과 기도의 성지로 여겨왔다.

그런데 2019년에 문화재청은 경북 울진 성류굴에서 입구에서 230여m 안쪽에 위치한 여러 개의 종유석의 석주, 석순과 암벽 등에서 신라로부터 조선시대에 이르는 각석 명문 30여 개를 발견하였다. 그중에서도 "정원 14년(798) 무인년 8월 25일에 승려 범렴이 다녀가다(貞元十四年, 戊寅八月卅五日, 梵廉行)"라는 명문은 정원 14년(貞元 十四年)'은 중국 당나라 9대 황제 덕종의 연호가 정원(785~805)인 점으로 보아 동굴 방문 시기는 신라 원성왕 14년이었음이 밝혀졌다. 그 외에 '신유년(辛酉年)'과 '경진년(庚辰年)'명 등 간지(干支), 그리고 '임랑(林郎)', '공랑(共郎)' 등의 신라 화랑들의 이름, 통일신라시대 관직명인 '병부사(兵府史)', 승려의 이름인 '범렴(梵廉)', 조선 시대 울진현령이었던 '이복연(李復淵)', '장천(長天)'이라는 지명 등 30여 개의 명문을 발견하였다고 한다.

점말동굴

고려 말 이곡[李穀, 1298~1351]의 "동유기"(東遊記, 1349)에 처음 나오는 '장천(長川)'이라는 용어를 그동안은 '긴 하천'으로 해석해 왔었는데, 이번에 성류굴에서 '장천(長川)'명이 발견되면서, 울진에 있는 하천인 '왕피천'의 옛 이름일 가능성이 높아졌다. 이번에 신라인들이 남긴 각서들이 발견되면서 이곳이 화랑, 승려들의 수행처였음이 확실하게 밝혀지게 된 것이다.

④ 제천 점말동굴의 화랑각자

제천 점말동굴은 구석기유적으로 유명한데 1979년 충청문화재연구원에서 화랑과 낭도(郎徒) 관련 글자를 발견하였다. 즉 '烏郎徒', '正郎徒', '侖郎製', '金郎行' 등의 문자로 화랑의 이름과 낭도들의 존재를 언급하고 있다.

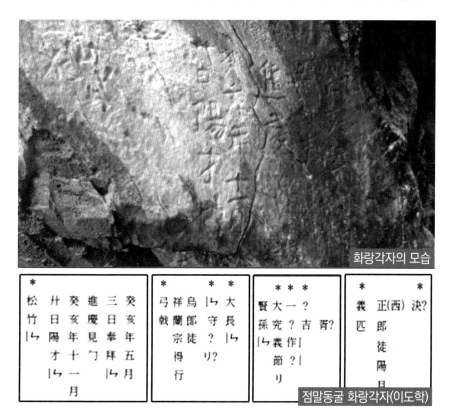

화랑각자의 모습

점말동굴 화랑각자(이도학)

특히 금랑(金郎)은 울주 천전리서석에서도 확인되고 있는 화랑이며, 오랑(烏郎)은 월성 해자 목간에 등장하는 '大烏知郎'과 동일 인물로 여겨진다. 그리고 '松竹ㅣㅢ'의 명문은 "松竹처럼 行한다"로, '大究義節ㅣ'의 명문은 "義節을 行한다"로 볼 수 있어 임신서기석과 같이 화랑들이 이곳에서 수행하면서 결의를 다짐했던 것으로 본다. 또 "癸亥年 5월 3일에 받들어 절하고 갔다. 나아가 기쁘게 보고 갔다"라는 명문은 그 년대가 진평왕 25년인 603년으로 비정되며, 이것으로 보아 점말동굴이 화랑들 수련의 순례지로 이곳 동굴 마당 전실(前室) 터에서 삼국기나 통일신라기 석조탄생불(石造誕生佛)을 비롯한 불상이 출토된 것으로 보아 성지(聖地)로 여겼을 것이다. 그리고 '禮府'라는 명문이 있는데 이것은 교육과 외교(外交)와 의례(儀禮)를 맡아본 예부(禮部)를 가리키는 것으로 화랑의 교육도 관장하였던 것으로 확인된다.[175]

⑥ 사선(四仙)과 영랑(永郎)의 유적

경상남도 함양군에서 지리산 천왕봉에 이르는 중도에 영랑재(永郎岾)라는 고개가 있다. 지리산은 신라의 오악(五嶽) 중에 하나다. 김종직의 『두류기행록(頭流記行錄)』에서는 영랑재를 소개하면서 영랑이란 신라 화랑의 두령으로

한송정과 경포대

3천의 문도를 거느리고 산수를 노닐면서 이 봉에 올랐기에 영랑재란 이름이 되었다고 하였다.

경포대의 한송정에 대해서 고려말 이곡(李穀)의 『동유기(東遊記)』에 경포대에 돌아궁이가 있

---

175) 이도학, 「제천 점말동굴 화랑 각자에 대한 고찰」, 『화랑의 장(場) 점말동굴 그 새로운 탄생』, 충청북도문화재연구원, 2009.

영랑호(출처: 네이버 블로그 4018wing)

고, 한송정에는 돌아궁이와 두 개의 돌샘이 있는데 이것은 영랑을 비롯한 사선(四仙)이 차를 달이던 도구였을 것이라고 하였다. 이러한 내용이 『신증동국여지승람(新增東國輿地勝覽)』에도 실려있다.

영랑호(永郎湖)는 속초시에 있는 둘레가 7.8㎞나 되는 큰 석호이다. 영랑을 비롯한 사선들이 금란(金蘭)에서 수련하고 돌아가는 길에 고성의 삼일포(三日浦)에서 3일간 머무른 후 서울인 금성(金城)으로 향하던 중에 이 호수에 이르렀다. 특히 영랑은 이곳의 풍광에 취하여 고기를 낚고 뱃놀이를 즐기며 풍류를 즐기었기에 그 이름이 붙여진 것이다.

이외에 이곡(李穀)의 『동유기(東遊記)』에는 통천(通川)의 금란굴(金蘭窟), 총석정(叢石亭)의 사선봉(四仙峯), 월송정 등에도 영랑, 술랑, 남랑, 안상 등과 더불어 사선(四仙)으로 불리웠던 인물들의 자취가 있었다고 전해주고 있다.

⑥ 김유신의 유적

단석산은 김유신장군의 수련을 했다고 전해지는데 『삼국사기』 김유신 열전, 『동국여지승람』 경주 산천조, 『동경잡기』 등에 전해지고 있다. 그중에서도 『삼국사기(三國史記)』 권제41, 김유신(金庾信) 열전의 기록을 보면 진평왕 건복 28년 신미(611년) 공의 나이 17세에 고구려·백제·말갈이 국경을 침범하는 것을 보고 분개하여 쳐들어 온 적을 평정하겠다는 뜻을 가지고 홀로 중악(中嶽) 석굴로 들어가 몸을 깨끗이 하고는 하늘에 고하여 맹세하였다.

그는 "적국이 도가 없어 승냥이와 호랑이처럼 우리 영역을 침략하여 어지럽힘으로써 편안한 해가 없었습니다. 저는 한낱 미미한 신하로 재주와 힘은 헤아릴 수 없이 적지만 재앙과 난리를 없애고자 마음먹었으니 오직 하늘은 굽어 살피시어 저를 도와주소서."라 하였다. 그곳에 머문 지 4일째 되던 날 홀연히 한 노인이 거친 베옷을 입고 나타나 말하기를 "이곳은 독충과 맹수가 많아 가히 두려울 만한 곳인데, 귀한 소년이 여기에 와서 홀로 머물고 있음은 무엇 때문인가?"라고 말하였다. 김유신은 "어르신께서는 어디서 오셨는지, 존함이라도 들을 수 있겠습니까?"라고 대답하였다. 노인은 "나는 머무는 곳이 없고 인연에 따라 가고 멈추며 이름은 곧 난승(難勝)이다."라

김유신이 수행한 석굴

고 말하였다. 공이 이를 듣고 보통 사람이 아님을 알아차리고 그에게 두 번 절하고 나아가 말하였기를 "저는 신라인입니다. 나라의 원수를 보니 마음이 아프고 근심이 되었습니다. 그런 까닭에 여기에 와서 만나는 것이 있기를 바랄 따름이었습니다. 엎드려 빌건대 어르신께서는 제 정성을 불쌍히 여기시어 방술(方術)을 가르쳐 주십시오."고 말하니 노인은 묵묵히 말이 없었다. 공이 눈물을 흘리며 간청하기를

게을리 하지 않으니, 6~7번에 이르렀다. 노인이 이에 "자네는 어리지만 삼국을 병합할 마음을 가지고 있으니 또한 장하지 아니한가?"라고 하며, 곧 비법(祕法)을 가르쳐주면서 "삼가 함부로 전하지 말게. 만약 의롭지 못한 데 쓴다면 도리어 그 재앙을 받을 것이네."라고 말하였다. 말을 끝마치고 작별하였는데 2리 정도 갔을 때 쫓아가 그를 바라보았으나, 그는 보이지 않고 오직 산 위에 빛이 있어 오색과 같이 찬란하였다고 한다.

이 석굴의 입구인 서쪽으로 들어서면 왼쪽 바위면에 모두 7구의 불상과 보살상, 인물상이 얕은 부조(低浮彫)로 새겨져 있고, 연이어 본존불인 미륵여래입상이 있다. 그리고 맞은 편에는 지장보살로 보이는 보살상과 380여 글자의 명문이 새겨져 있으며, 안쪽 동면에는 관음보살로 짐작되는 보살상이 있다. 이 중에서도 북쪽 바위의 아래에는 2명의 신라인의 인물상이 조각되어 있는데 앞의 사람은 향로를 받들고 있으며 뒤의 사람은 나뭇가지 비슷한 것을 들고 있다. 이들은 공손히 미륵불을 향해서 공양하는 것처럼 보인다. 이곳이 화랑들의 수행처였던 것으로 미루어볼 때 이 인물상 등은 신라의 화랑들로 추정된다. 왜냐하면 김유신을 따르던 낭도들을 용화낭도라고 부르고 있는데 '용화(龍華)'란 미래에 미륵보살이 용화수 아래에서 성불하여 설법, 교화한다고 한 것과 상통하기 때문이다.

김유신이 칼로 자른 바위

신라 화랑들의 석각

김유신은 중악석굴에서 수도한 다음 18세에는 다시 열박산에 들어가서 수도를 하였다고 한다. 『삼국사기(三國史記)』 권제41, 김유신열전에는 진평왕 34년(612)에 이웃나라의 적들이 빈번히 쳐들어오자 공은 마음에 장하고 큰 뜻을 품고 더욱 분발하여 홀로 보검(寶劍)을 가지고 열박산(咽薄山)의 깊은 골짜기로 들어갔다. 향을 피우고 하늘에 고하여 빌기를 중악에 있을 때 맹세한 것과 같이 하였고, 거듭하여 "천관(天官)께서 빛을 드리워 보검(寶劍)에 영험함을 내려주소서."라며 기도하였다. 3일째 되던 날 밤에 허성(虛星)과 각성(角星) 두 별의 빛이 환하게 내려와 드리우더니, 검이 동요하는 것 같았다고 한다. 이러한 열박산은 경상남도 울산군 두서면에 속하는 백운산으로 울산군, 밀양군, 청도군의 경계이다. 열박재를 지나 언양 쪽으로 국도를 따라가면 화랑들의 수련장이었던 반구대에 이르른다.

⑦ 김유신과 천관사

김유신이 사랑했던 천관녀(天官女)가 있었는데 그의 어미가 그것을 꾸짖었지만 그가 술에 취하여 말을 타자 늘 가던데로 말이 천관녀의 집 앞에 당도하였다. 반갑게 마중나온 천관녀 앞에서 말의 목을 베고 결심을 하고 정진

열박산인 백운산에 김유신의 기도하던 굴

하였다고 전해지는 것이다. 여기에서 천관녀란 기생이 아니라 '천관(天官)'이라고 하여 하늘에 제사를 드리던 곳에 복무하였던 처녀로 혼인을 할 수 없었던 것이다. 이곳은 경주 오릉(五陵)의 동편에 있었으며 김유신의 집터였던 재매정과 문천(蚊川)이라고 불리웠던 경주의 남천(南川)을 사이에 두고 남북으로 서로 마주보고 있는 곳에 있었던 절터로 현재는 무너진 탑과 주초석들만 논두렁에 남아있다. 그녀의 집은 후일에 절이 되어 천관사라고 하였다고 한다.

이곳의 도당산(都堂山)에서는 진한시대부터 천제를 드리던 곳으로 추정되며, 신라 때에는 정사를 논하던 남당(南堂)이 열리던 곳이다.

천관사지

도당산

⑧ 임신서기석

1934년 경주군 현곡면 금장리에서 발견된 비석으로 길이 약 34cm, 윗너비 11cm이고 두께 약 2cm의 돌에 1cm 정도 크기의 문자 74자가 새겨져 있다. 글자는 송곳 같은 것으로 다소 거칠게 새겼는데, 모두 5행으로 이루어졌다. 글자가 새겨진 면은 위가 약간 넓고 아래로 갈수록 좁다.

신라시대의 화랑 두 사람이 학문을 닦고 힘써 실천할 것을 맹세한 내용으로 "임신년 6월 16일 두 사람이 함께 맹세하고 기록한다. 지금부터 3년 이후에 충도를 지니고 지키며 과실이 없기를 맹세한다. 만약 이를 어기면 하늘로부터 큰 벌을 받을 것을 맹세한다. 만약 나라가 불안하고 세상이 크게 어지러워져도 모름지기 실행할 것을 맹세한다. 또 따로 지난 신미년 7월 22일에 크게 맹세하기를 시(詩)·상서·예·전(傳:춘추좌전)을 차례로 3년 동안

임신서기석

습득할 것을 맹세한다.(壬申年六月十六日 二人幷誓記 天前誓 今自三年以後 忠道執持 過失无誓 若此事失 天大罪得誓 若國不安大亂世 可容行誓之 又別先辛未年 七月卄二日 大誓 詩尙書禮傳倫得誓 三年)"고 하여 임신년의 것과 1년 전인 신미년에 행한 것으로 나눌 수 있는데 신미년에 행한 서약은 유학 경전의 학습이 주된 내용이고, 임신년의 서약은 장차 실천궁행할 것을 내용으로 하고 있다. 그러나 두 사람의 이름과 작성연대는 적혀 있지 않다. 현재 국립경주박물관에 소장되어 있다.

⑨ 죽지랑과 우두벌 및 부산성

춘천시 우두동은 삼국통일기의 호랑이었던 죽지랑과 관련된 이야기가 전해져온다. 그의 부친은 술종공(述宗公)은 삭주도독사(朔州道督使)였기 때문에 이곳에서 태어나 어린시절을 보냈다. 이곳 우두동의 우두벌이라는 너른 벌판이 화랑이었던 죽지랑이 말을 타는 법을 익히던 곳이었다고 전해진다. 그는 후일에 진덕여왕 3년(649) 김유신 장군과 함께 도살성에서 백제군을 격파했으며, 5년(651)에는 집사부의 우두머리인 중시가 되었던 인물이다.

문무왕 8년(668)에 고구려를 멸망시킬 때에는 경정총관으로 활약하였고, 10년(670)에는 당나라와 싸워 백제의 7성을 빼앗았고 석성(石城)에서 당나라 군사를 격파하여 삼국통일에 크게 기여하였다.

『삼국유사(三國遺事)』권제2, 죽지랑조에는 화랑 죽지랑(竹旨郎)의 낭도 중에 득오(得烏)가 있었다. 문득 열흘이나 모임에 나오지 않아 집을 찾아가서 물었더니 "모량의 익선(益宣)이 부산성 창고지기(倉直)로 뽑아갔다"고 했다. 죽지는 낭도들과 함께 부산성의 득오를 찾아가서 술과 떡으로 위로하였다. 그리고 득오가 휴가를 얻을 수 있도록 부탁하였으나 익선은 듣지 않았다.

춘천의 우두벌

이때 추화군(推火郡:밀양)에서 곡식을 운반해오던 간진(偘珍)이, 낭도를 아끼는 죽지랑의 마음에 감동받아 곡식 30석을 주고, 또 진절(珍節)이 자신의 말안장까지 주니, 그제서야 익선은 겨우 허락하였다. 조정에서 화랑을 관장하던 관리가 이 소문을 듣고 익선을 잡아 더러움을 씻기려 했다. 그러나 익선은 도망쳐버렸고, 대신 그 아들을 잡아서 한겨울에 성안의 연못에서 씻겼더니 얼어죽고 말았다고 한다. 이로 인하여 모량부 사람들이 관직에 오르지 못하고 승려가 되지도 못하는 불이익을 받았다는 이야기를 싣고 있다.

죽지는 7세기 중반의 통일 전쟁기에 장군으로 활약했던 인물이다. 집사부 중시(中侍)를 역임하기도 했다. 훗날 득오가 죽지의 덕을 흠모하여 지은 노래가 유명한 〈모죽지랑가(慕竹旨郎歌)〉이다. 이 이야기는 화랑과 낭도의 인격적 유대관계를 잘 보여주는 것이며 조정의 화주와 국왕까지도 탐욕과 불의에 분개하여 지나칠 정도로 벌을 내린 것을 보면 그 당시의 시대정신이 맑고 청신하였음을 보여주고 있는 것이다.

부산성의 성벽

⑩ 화랑 관창과 황산벌

백제의 오방(五方)은 북방(北方)이 현재 예산지역, 중방(中方)은 공주지역, 동방(東方)은 논산지역 등으로 되어 있었다. 그런데 신라의 김유신이 북쪽의 남천정, 골근내정 등의 2개의 군단 중에서 남천정(南川停) 하나만 이끌고 움직이기 시작한 것이다. 그래서 백제 조정에서는 모든 군사들을 북쪽인 예산지역에 집중시키게 되었다. 그런데 김유신이 야음을 틈타서 황산벌이 있는 동쪽으로 내려오는 바람에 갑자기 사라진 이들의 행방에 백제조정은 헤매기 시작하였다.

그러는 사이에 당나라 군사가 백강구(白江口)인 금강(錦江) 하구로 쳐들어오기 시작하였고 신라군이 탄현(炭峴)을 넘어서 황산(黃山)벌로 쳐들어오기 시작하였다. 성충이 막으면 이길 수 있다고 말한 요충지였던 백강구와 탄현이 이미 뚫린 것이다. 당황한 의자왕은 수도방위사령관인 계백 장군을 황산벌로 급파하고 자신은 공주의 웅진성으로 피신하였다. 얼마나 급했으면 왕과 도성을 지키던 최정예 부대를 보낸 것이다. 계백은 이미 패할 것을 알고 처자를 죽이고 5000 결사대를 이끌고 황산벌로 나아가 3길로 쳐들어

황산벌 전투의 개념도(남민, 〈계백의 그곳 황산벌〉, 네이버뉴스, 2013.4.18)

오는 신라군을 3개 성에서 막았다. 이 당시 계백 장군에게 신라군이 연이어 패하자 김유신은 아우 김흠춘 장군의 아들인 반굴(盤屈)을 내보냈으나 전사 당하였다. 이에 좌장군 김품일이 아들인 화랑 관창(官昌)을 불러 전장터로 내보냈으나 계백은 너무 어린아이라 살려 보냈으나 연이어 출전을 시키자 그를 죽여 돌려보냄으로써 신라군들이 격분하여 쳐들어와 계백장군이 이 끄는 오천결사대는 장렬하게 전사하였다.

⑪ 북한산의 장의사지

서울시 종로구 신영동의 세검정초등학교는 원래 장의사라는 절터였다. 『삼국유사(三國遺事)』제1 기이(紀異), 장춘랑·파랑조에는 신라 태종무열왕의 꿈에 황산벌 전투에서 전사한 화랑 장춘랑(長春郎)과 파랑(罷郎)이 꿈에 나타 나자 그들을 위하여 한산주에 장의사를 지어 그들의 명복을 빌었다고 한 다.

장의사터

⑫ 원술랑과 매초성

김원술은 김유신과 지소부인 사이에서 태어나 일찍이 화랑이 되어 원술랑(元述郞)이라는 이름으로 불렸다. 그는 문무왕 12년(672) 황해도 서흥에서 벌어진 석문 전투에 비장으로 출전했다. 신라군은 전투 초반에 당나라를 상대로 여러 차례 승리하자 자신감에 부풀어 당군을 무리하게 추격하였다. 하지만 당나라의 역습을 맞고 석문 전투에서 참패하고 말았는데, 이때 김원술은 끝까지 싸우려 하였으나 부관인 담릉의 만류로 퇴각하기를 결정하였다. 퇴각 도중에도 아진함과 그의 아들들을 비롯한 여러 사람들의 희생 덕분에 간신히 몸을 구할 수 있었다.

그런데 김원술이 집에 돌아와 받은 것은 차가운 실망과 냉대였다. 당시 신라 사회에서는 관창이나 반굴 같은 여러 젊은이들의 예에서 볼 수 있듯이 전투에서 목숨을 던져 희생하는 것이나 패배했을 시에 절조를 지키는 것을 아주 중요시했는데, 김원술은 다른 사람도 아니고 김유신의 아들이었음에도 불구하고 살아 돌아왔다는 것이 사람들에게 실망스럽게 받아들여졌던 것이

매초성으로 비정되는 한탄강변의 대전리산성

다. 아버지 김유신은 비정하지만 왕실과 가문의 뜻을 저버린 죄를 물어 김원술을 처형하라고 주청했다. 다행히도 문무왕이 죄를 용서하면서 원술은 처형되지 않았지만 김유신이 부자로서의 연을 끊겠다고 선언하고 말았다.

원술은 이후 부끄러워하며 산골에 들어가 살다가 아버지가 세상을 떠났다는 소식을 듣고 고향 집으로 찾아갔다. 하지만 어머니인 지소부인도 "이미 부자의 연이 틀어졌으니 나 또한 너와 의절한 것이다"라고 말하며 그를 만나려 하지 않았다.

시간이 지난 675년(문무왕 15), 매소성 전투에서 신라가 당나라를 상대로 승리해 주요 거점인 매소성을 함락하는 결과를 낳았다. 이 전투에 김원술 또한 단신으로 참여해 당군과 싸웠는데, 큰 공을 세웠음에도 어머니는 여전히 그를 아들로 인정하지 않았다. 결국 부모에게 완전히 외면받은 김원술은 평생 산속에 들어가 벼슬을 하지 않으며 살았다고 한다. 현재 매초성은 한탄강변의 대전리산성으로 비정되고 있다.

⑬ 효종랑과 포석정
포석정은 경애왕이 술잔을 띄우고 시를 짓는 곡수연(曲水宴)를 즐기다가

포석정의 곡수(曲水)

포석(鮑石) 명문기와

죽은 놀이터로 알려져 있다. 그러나 1999년 이곳을 발굴하여 보니 '포석(鮑石)'이라는 명문기와와 건물지가 나와 이곳에 포석사라는 사당이 있었음을 보여주고 있다.

『화랑세기(花郞世記)』8세 풍월주 문노편에는 진평대왕이 포석사(鮑石祠)에 갔었다는 기록이 있고, 포석사에는 삼한통일의 공을 세운 김유신의 화상을 모셨고 신궁의 선단(仙壇)에서 대제를 지냈다고 하였다.[176] 즉 왕이 제사를 드린 후에 여러 신하들과 잔치를 열었던 곳임을 보여주고 있다. 더구나 문무왕은 포석정 아래에 충렬사를 지어 삼국통일에 몸 바친 관창, 해론, 설두, 죽죽, 취항, 용석, 예파, 부과 등의 화랑들과 박제상, 김찬덕, 김흠운, 김품석, 김반굴, 온군혜, 김의문 등의 충신들을 모시게 하였다고 한다.[177]

『삼국유사(三國遺事)』권제5, 제9 효선(孝善) 조에 효종랑(孝宗郎)이라는 화랑이 남산의 포석정에서 그의 낭도들을 모아 몸과 마음을 단련하는 행사를 가진 적이 있었다. 그런데 그의 낭도 중에 두 사람이 늦게 참석을 한 것이다. 효종랑이 그 이유를 물으니 분황사 옆에 사는 눈먼 어머니를 봉양하던 효녀 지은(知恩)의 이야기를 하였다. 이에 천명의 낭도들이 지은의 효성에 감동되어 천석을 거두어 지은을 도왔다고 한다. 이와 같이 포석정이 화랑들의 수련장으로 사용되기도 하였던 것이다.

⑭ 응렴랑과 안압지

『삼국유사』권제2, 제2 기이(紀異) 경문대왕(景文大王)조에 왕의 이름은 응렴(膺廉)이고 나이 18세에 국선(國仙)이 되었다. 나이 20세가 되자 헌안대왕(憲安大王)이 낭을 불러 대궐에서 잔치를 베풀면서 묻기를, "낭은 국선이 되

---

176) 김대문 저, 앞책, 1999, pp.102~103.
177) 『화랑의 유적』, 화랑교육원, 1992, p.25

어 사방을 돌아다니다가 어떤 이상한 일을 보았는가"라고 하니, 낭이 대답하기를, "신은 아름다운 행실을 지닌 사람 셋을 보았습니다"고 하였다. 왕이 말하기를 "그 이야기를 듣고 싶네"라고 하니, 낭이 말하기를, "남의 윗자리에 있을 만한 사람이면서 겸손하여 남의 밑에 있는 이가 그 첫째이옵고, 큰 부자이면서도 검소하게 옷을 입는 사람이 그 둘째이며, 본래 귀하고 세력이 있으면서도 그 위세를 보이지 않는 이가 셋째입니다"라고 하였다.

왕이 그 말을 듣고서 그의 어짊을 알고 눈물이 흐르는 줄도 모르고서 이르기를, "짐에겐 두 딸이 있는데 낭의 시중을 들게 하고 싶네"라고 하였다. 낭이 자리를 피하며 절을 하고는 머리를 굽히면서 물러갔다. 부모님께 아뢰니 부모님은 놀라고 기뻐하며 그 자제들을 모아 의논하기를, "왕의 맏공주는 얼굴이 매우 초라[寒寢]하고 둘째 공주는 매우 아름다우니 둘째 공주에게 장가가는 것이 좋겠다"고 하였다. 즉 응렴랑이 신라 48대 경문왕이 되었던 것이며, 그를 불렀던 내궐이 바로 월지(月池)라고 불렀던 임해전으로 현재는 안압지이다.

임해전과 안압지인 월지(月池)

⑮ 최치원의 유적

『삼국사기』 권제46, 최치원(崔致遠) 영전에 최치원은 서쪽에서 당(唐)을 섬기다가 동쪽으로 고국에 돌아온 후까지 모두 혼란한 세상을 만나 운수가 꽉 막히고[蹇屯], 움직이면 매번 비난을 받으니 스스로 불우함을 한탄하여 다시 관직에 나갈 뜻이 없었다. 산림의 기슭과 강이나 바닷가에 자유롭게 이리저리 돌아다니며 스스로 구속되지 않았다. 누각을 짓고 소나무와 대나무를 심었으며, 책을 베개 삼고, 풍월을 읊었다. 경주의 남산, 강주(剛州)의 빙산(氷山), 합주(陜州)의 청량사(淸涼寺), 지리산(智異山)의 쌍계사, 합포현(合浦縣)의 별장 같은 곳은 모두 그가 노닐던 곳이다. 최후에 가족을 데리고 가야산 해인사에 은거하면서 친형인 승려 현준(賢俊) 및 정현사(定玄師)와 도우(道友)를 맺었다. 벼슬하지 않고 편안히 살다가 노년을 마쳤다고 한다.

홍류동 계곡은 합천 해인사로 접어드는 길을 따라 펼쳐지는 십리 계곡으로 절경이 빼어난 곳인데 이곳은 고운 최치원과 관련이 깊다. 최치원은 당시의 혼란스러운 사회를 떠나 유랑하다가 가야산 홍류동의 어느 바위 위에 신발 한 켤레, 지팡이 하나를 남겨두고 어디론가 사라졌다는 전설이 남아 있을 뿐 가야산에 입산한 후 어떻게 살았는지, 언제 세상을 떠났는지 알려지지 않았다. 그런 최치원이 홍류동의 어느 바위벽에 "미친 듯 겹친 돌 때리어 첩첩한 산 울리니, 지척간의 말소리조차 분간키 어려울세, 시비 소리 들릴까 저어하노니, 흐르는 물 시켜 온 산을 감쌌네"라는 시 한수를 남겨 자신의 흔적을 보여주고 있다.

이 시가 새겨진 곳을 제시석이라고 한다. 글씨는 초서에 가까운 행서인데, 단숨에 써 내려간 듯 매우 속도감이 있으며 힘차다. 그러면서도 글자 크기의 변화나 획과 획, 글자와 글자 사이의 간격과 짜임에 한 점 흐트러짐이 없다. 28자를 세 줄에 나누어 써서 첫 줄은 10자, 나머지 두 줄은 9자로 글자수가 다른데도 전혀 눈치챌 수 없을 만큼 포치가 정확하다. 구원리 구원1구 홍류동 계곡에 위치한다. 고운 최치원 선생이 홍류동에 은거하면서 지냈던 곳이다. 계곡의 석벽에 홍류동이라는 세 글자가 크게 새겨져 있으며 선생이 지었다는 칠언시가 바위에 새겨 있다. 또한 주위에 '고운선생축세지(孤雲先生逐世地)'라는 비가 세워져 있고 그 위에 아담한 농산정이 있다. 고운 선생의 영정을 모신 학사당(學士堂)도 이곳 홍류동에 자리하고 있다.

　충청남도 홍성군 장곡면 장곡면 월계리 용연마을은 신라시대의 해동성인으로 칭송되던 고운 최치원 선생이 한동안 은거했던 곳이다. 옛날에는 마을 앞쪽으로 산자수명한 계곡이 장관을 이루었으며 뒤쪽으로는 석성과 함께 극락사라는 절이 있었다고 한다. 마을 가운데로는 동쪽과 서쪽의 두 물줄기가 한쌍으로 흘러내리다가 합쳐지며 큰못을 이루고 있는데 이 계곡을 최치원 선생이 쌍계라고 이름 지었다 한다. 최치원 선생은 이곳의 아름다운 경치를 친양하기 위해 쌍계의 서쪽 암벽에 13개의 마애 금석문을 남겨놓았는데 그 중에 "쌍계(雙磎)"와 "최고운서(崔孤雲書)"라고 새겨진 글은 이곳의 유래와 함께 마애금석문의 주인공이 최치원 선생임을 말해주고 있다. 이 마애금석문은 천년 세월이 흐른 지금까지도 선명하게 남아 쌍계의 아름다웠던 옛모습을 말없이 전해주고 있다.

　충남 보령시 남포면 월전리에 있는 곳으로 월전리 서쪽에 있는 보리섬 서쪽에 높이 3m, 너비 1.8m의 바위 8개가 병풍처럼 서 있는 곳에 최치원의 한시가 음각되었다고 전한다. 최치원이 신라 말기에 어지러운 세상을 비관하여 전국을 유람할 때 이곳의 아름다운 경치에 도취되어 글을 읽으면서 바위에 한시를 새겼다고 한다. 바위에 음각한 글씨의 흔적은 자획이 정교하여 지금의 서체와는 다른 것임을 짐작할 수 있으나 마모가 몹시 심해 판독할 수가 없다.

경상북도 문경시 가은읍 봉암사 서쪽 500리 지점에 백운대(白雲臺)라고
새겨진 최치원의 친필이 남아있다. 그리고 봉암사 동쪽 약 1km 아래에 위
치하고 있는 야유암도 최치원이 즐겨찾던 곳으로 그곳의 석벽에는 '야유암
(夜遊岩)'이라 새겨져 있고, 그곳에서 북쪽으로 약 300m 지점에 있는 석벽에
는 '고산유수 명월청풍(高山流水 明月淸風)'이라고 새겨진 친필이 남아있다.

부산의 해운대는 『동국여지승람(東國輿地勝覽)』 동래현 고적편에 "해운대는
동해현의 동쪽 18리에 떨어진 산기슭이 바다 속으로 스며들어가 마치 누에
처럼 생겼으며 동백나무, 두충나무, 소나무, 전나무 등이 있어서 사철 한결
같이 푸르다. 신라시대에 최고운 선생이 이곳에 대를 쌓고 놀았다고 하는

야유암의 친필

문경시 가은면의 백운대 친필

데 아직도 유적이 남아있다. 어떤 이는 최고운 선생의 자를 따서 대의 이름을 해운대(海雲臺)라고 하였다고 한다."고 하였다.

청룡대의 최치원 친필

청룡대는 부산과 경계를 이루는 가주동의 도로 아래에 있는 작은 바위이다. 이곳은 신라말의 대학자이며 문장가인 고운 최치원 선생이 낚시를 즐기던 곳이라 전해져 오고 있으며, 그 당시에는 조수가 드나들었다고 하나 지금은 뭍으로 변해버린 곳이다. 2.4m×1.4m 정도의 화강암계 자연암석의 동남부에 60cm×35cm의 각자부를 마련하여 음각으로 '청룡대 치원서'라고 새겼는데 최치원의 친필로 추정되며 후손들에 의해서 청룡대비가 건립되어 있다.

『웅천읍지(熊川邑誌)』 산천조(山川條)에 강선대(降仙臺)는 월영대와는 바다를 사이에 두고 위치하는 세간(世間)에 이르기를 최치원 선생이 배에 올라 달빛을 즐겼다고 하여 강선대라 전해져 왔다고 한다. 이 당시 최치원이 남긴

스님이여 청산이 좋다고 말하지 마시오(僧呼莫道靑山好)
산이 좋다면 무슨 일로 산 밖으로 나오나(山好何事更出山)
시험 삼아 후일에 나의 종적을 보시오(試看他日吾蹤迹)
한번 청산에 들면 다시 나오지 않으리(一入靑山更不還)

라는 시를 보면 그가 진정한 선도인이었음을 가늠해 볼 수 있다.

3. 도교와의 습합과 선도의 쇠퇴

1) 선도의 경전과 기록 말살

선도의 경전(經典)으로는 천부경(天符經), 삼일신고(三一神誥), 참전계경(參佺戒經) 등으로 언급되고 있다. 그중에서도 천부경은 선도의 핵심적인 경전으로 우주를 이루고 있는 천·지·인을 근간으로 펼쳐지는 근본은 변하지 않으면서도 그곳에서 발생하여 발전하고 순환하여 근본으로 되돌아오는 이치를 설파한 것으로 우리 민족의 사상을 함축한 매우 중요한 경전이다. 천부경이 세상에 처음 알려지게 된 것은 1917년 계연수(桂延壽)가 단군교에 천부경을 발견했다는 내용의 편지를 보내면서부터이다. 편지에 따르면 계연수는 1916년 9월 9일 묘향산(妙香山)에서 수도하던 도중 최치원(崔致遠)이 석벽에서 새겨놓은 천부경을 발견하였다고 한다.[1]

이것은 1, 3, 5, 7, 9로 전개되는 사상으로 환웅이 하늘에서 내려올 때에 풍백, 우사, 운사 등의 3사(三師)를 거느리고 왔으며 그 밑에는 오가(五加)가 있었다고 한다. 그 후 고조선시대에는 진한, 마한, 변한의 3한(三韓)이 있었으며 그 아래에 오가(五加)가 있었다고 한다.

즉 3이라는 숫자는 고조선(古朝鮮) 시대의 3신(三神)과 삼신산(三神山), 삼한(三韓)의 마한, 진한, 변한, 백제(百濟)의 3산(三山)인 일산, 오산, 부산, 고려(高麗)의 3경(三京)인 개경, 서경, 동경, 조선(朝鮮)의 3정승(三政丞)인 영의정, 좌의

---

1) 김택영, 『소호당전집』, 1922.

정, 우의정 등으로 내려오고 있다.

그리고 5라는 숫자는 고조선(古朝鮮)과 부여(夫餘)의 5가(五加)인 마가, 우가, 저가, 구가, 양가, 고구려(高句麗)의 5부(五部)인 계루부, 연나부, 순노부, 절노부, 관노부, 백제(百濟)의 5방(五方)인 북방, 남방, 서방, 동방, 중방, 신라(新羅)의 5소경(五小京)인 북원경, 중원경, 서원경, 남원경, 금관경, 발해(渤海)의 5경(五京)인 상경, 중경, 동경, 남경, 서경, 고려(高麗)의 수도인 개경과 조선(朝鮮)의 수도였던 한양에 설치되었던 5부(五部)인 동부, 서부, 남부, 북부, 중부 그리고 요(遼)나라와 금(金)나라의 5경(五京)인 상경, 동경, 남경, 중경, 성경 등으로 내려오고 있다. 특히 오가제도에 바탕을 두고 있는 부여(夫餘)의 사출도(四出道)는 청(淸)나라의 팔기제도(八旗制度)와 같다.[2] 고조선과 삼한의 삼한제도는 흉노(匈奴)의 선우(單于) 아래에 좌현왕, 우현왕을 둔 것과 같고, 선비(鮮卑)에서 중부, 동부, 서부대인을 두었던 제도 그리고 청나라의 팔기제도까지도 그 전통이 흘러 내려오고 있으며 백제시대에도 우현왕(右賢王)이라는 명칭이 존재하고 있는 것이 확인되고 있다.

7이라는 숫자는 고구려의 북두칠성과 칠석사상, 백제의 북두칠성신앙인 묘견신앙, 가야의 북두칠성신앙인 칠불암, 민간의 칠성판 등이 있다.

9라는 숫자는 홍산문화의 9규(九竅)[3], 신라시대의 전국에 9주(九州)를 설치한 것, 민간의 혼(魂)이 9천(九天)을 맴돈다는 신앙 등에 남아있다.

삼일신고(三一神誥)는 대종교(大倧敎)를 창설한 나철(羅喆)이 1906년에 서대문 근처에서 백전(伯佺)이라는 노인으로부터 《신사기(神事記)》,《삼일신고》를 받았다고 전해진다. 삼일신고는 발해 석실본이다. 참전계경은 고구려 고국

---

2) 후금을 세운 누루하치 당시에는 황색, 적색, 청색, 백색 등 4기(旗)만 있었다가 8기로 늘어나게 된 것이다.

3) 9규란 인간의 몸에 있는 입, 코, 귀 등 9개의 구멍을 말하는 것으로 홍산문화의 우하량유적에서는 이 구멍들을 옥으로 막은 시신이 출토되고 있다.

천왕 때에 재상이었던 을파소가 전한 것이라고 한다.

선도에 대한 기록을 보면『삼국유사(三國遺事)』권3, 보장봉노보덕이암(寶藏奉老普德移庵)조와『고려사(高麗史)』김위제(金謂磾)열전 등에 언급된《신지비사(神誌祕詞)》,『고려사(高麗史)』예종(睿宗)조와 김인존(金仁存)열전에 언급되고 있는《해동비록(海東祕錄)》등의 선사(仙史)들이 전해져 왔음을 볼 수 있다. 왜냐하면 주자학을 국교로 삼은 조선은 선도와 관련된 많은 서적들을 모아들였기 때문인데 그 당시의 상황들을 살펴보면 다음과 같다.

『세조실록(世祖實錄)』7권, 세조 3년(1457) 5월 26일에 팔도관찰사(八道觀察使)에게 유시(諭示)하기를 "《고조선비사(古朝鮮祕詞)》·《대변설(大辯說)》·《조대기(朝代記)》·《주남일사기(周南逸士記)》·《지공기(誌公記)》·《표훈삼성밀기(表訓三聖密記)》·《안함노원동중 삼성기(安含老元董仲三聖記)》·《도증기 지리성모하사량훈(道證記智異聖母河沙良訓)》, 문태산(文泰山)·왕거인(王居人)·설업(薛業) 등《삼인 기록(三人記錄)》,《수찬기소(修撰企所)》의 1백여 권(卷)과《동천록(動天錄)》·《마슬록(磨蝨錄)》·《통천록(通天錄)》·《호중록(壺中錄)》·《지화록(地華錄)》·《도선한도참기(道詵漢都讖記)》 등의 문서(文書)는 마땅히 사처(私處)에 간직해서는 안되니, 만약 간직한 사람이 있으면 진상(進上)하도록 허가하고, 자원(自願)하는 서책(書冊)을 가지고 회사(回賜)할 것이니, 그것을 관청·민간 및 사사(寺社)에 널리 효유(曉諭)하라." 하였다고 한다.

『예종실록(睿宗實錄)』7권, 예종 원년(1469) 9월 18일에 예조(禮曹)에 전교하기를 "《주남일사기(周南逸士記)》·《지공기(志公記)》·《표훈천사(表訓天詞)》·《삼성밀기(三聖密記)》·《도증기(道證記)》·《지이성모하사량훈(智異聖母河沙良訓)》, 문태(文泰)·옥거인(玉居仁)·설업(薛業) 세 사람의 기(記) 1백여 권과《호중록(壺中錄)》·《지화록(地華錄)》·《명경수(明鏡數)》 및 모든 천문(天文)·지리(地理)·음양(陰陽)에 관계되는 서적들을 집에 간수하고 있는 자는, 경중(京中)에서는 10월 그믐날까지

한정하여 승정원(承政院)에 바치고, 외방(外方)에서는 가까운 도(道)는 11월 그 믐날까지, 먼 도(道)는 12월 그믐날까지 거주하는 고을에 바치라. 바친 자는 2품계를 높여 주되, 상 받기를 원하는 자 및 공사천구(公私賤口)에게는 면포(綿布) 50필(匹)를 상주며, 숨기고 바치지 않는 자는 다른 사람의 진고(陳告)를 받아들여 진고한 자에게 위의 항목에 따라 논상(論賞)하고, 숨긴 자는 참형(斬刑)에 처한다. 그것을 중외(中外)에 속히 유시하라."고 하였다고 한다.

『성종실록(成宗實錄)』 1권, 성종 원년(1470) 12월 9일에 여러 도(道)의 관찰사(觀察使)에게 교서(敎書)를 내리기를 "전일에 《주남일사기(周南逸士記)》《지공기(志公記)》《표훈천사(表訓天詞)》《삼성밀기(三聖密記)》《도증기(道證記)》《지리성모(智異聖母)》《하소량훈(河少良訓)》 문태(文泰)·왕거인(王居仁)·설업(薛業) 삼인기(三人記) 1백여 권과 《호중록(壺中錄)》《지화록(地華錄)》 명경수(明鏡數)와 무릇 천문(天文)·지리(地理)·음양(陰陽) 등 여러 서책(書冊)을 빠짐없이 찾아내어 서울로 올려보낼 일을 이미 하유(下諭)했으니 상항(上項) 명경수(明鏡數) 이상의 9책과 《태일금경식(太一金鏡式)》《도선참기(道銑識記)》는 전일의 하유(下諭)에 의거하여 서울로 올려 보내고, 나머지 책은 다시 수납(收納)하지 말도록 하고 그 이미 수납(收納)한 것은 돌려주도록 하라."하였다고 한다.

주자학을 국교로 하였던 조선시대에 와서 선도는 철저히 탄압의 대상이었을 뿐만 아니라 중요한 서책들 또한 불온문서로 압수의 대상이 되었기에 신채호는 『조선상고사(朝鮮上古史)』 총론에서 "이수광(李睟光)[4]은 내각(內閣)[5]에 들어가서야 고려 이전의 비사(祕史)를 많이 보았다."라고 하였다.[6] 그뿐만이 아니라 일제 강점기에도 더한 탄압을 받게 되었으며 민간에 숨겨져 왔던

---

4) 이수광은 명종 18년(1563)에 태어나 인조 6년(1628)까지 살았던 학자로 《지봉유설(芝峯類說)》을 저술하였다.
5) 규장각(奎章閣)을 말한다.
6) 신채호, 『주석 조선상고사』 상, p.48

서책들마저 빼앗기게 되었다. 이러한 위기감에서 민족정신의 계승을 주창하면서 대종교와 동학이 나타나게 된 것이다. 동학은 인내천(人乃天)을 부르짖었으며 대종교는 단군왕검과 천부경, 삼일신고, 참전계경 등의 경전을 민간에 전파하게 되었던 것이다.

2) 중국 도교의 발생과 전개

중국 도교의 기원은 동이족인 복희씨(伏羲氏)가 팔괘(八卦)를 가르쳐준 것으로부터 시작하여 청구국에서 황제(黃帝)가 자부선인(紫府仙人)으로부터 삼황내문을 받아간 것과 우(禹)임금이 도산회의에서 단군왕검의 아들인 부루(夫婁)에게 오행치수를 배워간 것 등이 있다. 그 후 춘추시대에 노자(老子)의 『도덕경(道德經)』[7]으로 경전화 되었고, 전국시대에 들어서면서 장자(莊子)에 의해 집대성되어 비로소 중국의 도교가 시작되었다.

진시황(秦始皇)과 한무제(漢武帝) 시기에는 산동지역의 동이족으로부터 시작된 서불(徐巿), 노생(盧生) 등을 위시하여 불로장생을 추구하였던 방사(方士)들이 나타나기 시작하였다. 그러므로 도교(道教)는 노자, 장자가 전해준 도가(道家)의 철학을 고수한 것이 아니라 신선술(神仙術), 양생술(養生術), 금단술(金丹術), 잡술(雜術) 등 여러 가지 샤머니즘적인 민간신앙(民間信仰)의 요소들이 혼합하여 종교적 의례의 형식까지 포괄되어서 종교복합체(宗教複合體)로 발전되어 나타나게 된 것이다. 이것은 우리 민족의 고유종교인 선교(仙教)와는 전혀 다른 별개의 것이다.

이것이 민간에 널리 퍼져 나가면서 북위(北魏)시대 구겸지[寇謙之: 365~

---

7) 노자(老子)의 『도덕경(道德經)』에는 "道가 一을 낳고, 一이 二를 낳고, 二가 三을 낳고 三이 萬物을 낳으니라"라고 하여 천부경(天符經)의 원리가 그대로 전해지고 있다.

448]에 의해서 도관(道館)이라는 사원과 도사(道士)라는 수행자들 나타나기 시작하였고, 당(唐)의 측천무후[測天武后 690~705]는 불교를 탄압하고 도관을 전국에 설치하여 도교를 국교로 하였다. 중국의 민중의 기층에 자리잡고 있는 것은 불교보다는 도교가 더 깊이 자리잡고 있었는데, 그 이유는 기복적이고 무속적이었기 때문이다. 그러하기에 중국사 전반에 걸쳐서 볼 때에 황건적의 난, 홍건적의 난, 태평천국의 난 등 민중봉기의 사상적 기층은 대부분이 도교였다.

도교의 발전과정을 살펴보면 동한(東漢, 25~220)시대부터 당(唐, 618~907)을 거치면서 태평도(太平道: 干吉)[8], 오두미도(五斗米道: 張陵)[9], 천사도(天師道: 张魯) 등이 출현하였다. 특히 천사도는 215년에 장릉의 손자 장로가 조조(曹

---

8) 동한 초기에 우길이 창시하고 후한 말기에 장각이 널리 퍼뜨린 종교. 도교의 한 일파이다. 태평도는 주술사가 아홉마디의 지팡이로 주술을 행했는데 병든사람에게 머리를 조아리고 잘못을 생각하게 하여 이로 인해 부직을 태운 물을 마시게 하고 병이 날로 가벼워지고 나은 사람은 믿음이 있다고 하고 혹시 낫지 않거든 믿음이 없다고 하였다. 한나라 희평(172~178) 년간에 관중에 낙요(駱曜), 광화(178~184) 년간에 동방에 장각이 있었고 한중에는 장수가 있었다. 낙요는 백성들에게 은신법의 일종인 면닉법(緬匿法)을 가르치고 장각은 태평도를 만들었으며, 장수는 오두미도를 만들었다. 한나라에서 탄압이 심해지자 장각이 황건적의 난을 일으키게 되면서 같이 탄압을 받게 되었다.(翦伯贊 편, 이진복·김진옥 역, 『中國全史』 상, 학민사, 1990)
9) 장도릉(張道陵)이 창시한 중국 도교의 종파로 입교하기 위해선 다섯 두의 쌀을 내야하기 때문에 붙여진 이름이다. 그의 본명은 장릉(張陵)이며, 패국 풍현(沛國豐縣) 출신으로 한나라 명제 때에 태어났다. 그는 나이가 만년이 될 때 촉 지역에 있는 학명산(鶴鳴山)에 들어가 도서(道書)의 저술과 수도에 전념한 끝에, 신선도(神仙道)를 배워, 구정단법(九鼎丹法)을 터득하였고 여러 신들에게서 '신출정일맹위법(新出正一盟威法)'을 전수했다고 한다. 또 도서(道書) 24편을 저술했다고 하여 후에 청성산으로 들어가서 123세에 사망하였다고 전한다. 교단 도교의 원류는 삼국시대의 태평도와 오두미도의 양갈래로 보고 있지만 황건적의 난으로 태평도가 사라진 반면 삼국시대에 조조가 장릉의 손자인 장로가 오두미도를 전파하는 것을 용인했기 때문에 계속 전파될 수 있었으며 장로의 아들인 장성 때 본산을 용호산으로 옮기자 천사도(天師道)로 불리우기 시작하였다. 그 이후 남북조시대에는 구겸지가 북천사도(北天師道)와 육수정이 남천사도(南天師道)로 세우면서 분파되었으며 천사도를 지식인 계층에서도 받아들이게 되었다. 수, 당을 거치면서 이들이 합쳐지고 또한 도교의 상청파(上淸派), 영보파(靈寶派), 정명파(淨明派)까지 합쳐져서 원나라 때에는 정일교(正一敎)라 불리우게 되었다.(任繼愈, 『中國道敎史』, 上海人民出版社, 1989)

操)에게 투항하면서 위(魏)나라에서 천사도가 하나의 국가적인 종파로 인정되었다. 그러나 태평도는 184년에 장각(張角)을 중심으로 황건적(黃巾賊)의 난을 일으켰으며, 875년 당나라에서는 황소(黃巢)의 난이 일어났다.

동진(東晉, 317~420)과 남북조(南北朝, 420~589)시대에는 상청파(上淸派: 魏華存), 신천사도(新天師道: 寇謙之), 모산종(茅山宗: 陶弘景), 영보파(灵宝派: 葛玄), 누관파(樓觀派) 등이 있었다. 특히 북위(北魏)시대에는 천사도를 계승한 구겸지[寇謙之: 365~448]는 태무제[太武帝, 446~452] 때에 국교화되면서 교단도교(敎團道敎)를 창시하여 도교(道敎)라 칭하고 도관(道館)이라는 사원과 도사(道士)라는 수행자들에 의해서 전통을 전승하게 되었다.

송(宋, 960~1279)과 금(金, 1115~1234) 때는 신소파(神霄派: 林靈素), 태일도(太一道: 蕭抱珍), 진대도(真大道: 劉德仁), 전진교(全真敎: 王重陽), 정명충효도(淨明忠孝道: 許遜) 등이 있었다. 특히 원(元, 1271~1388)나라 때에는 전진교의 장춘진인(長春眞人)이 징기즈칸에게 불려가 도교의 총책임자로 임명되어 면세 특권을 받은 뒤, 강북은 물론 강남에서도 세력을 확장하게 되면서 강남지역의 정일교(正一敎)와 함께 명(明, 1368~1644) 이후까지도 도교계를 양분하게 된다. 1351년 홍건적(紅巾賊)의 난은 백련교도(白蓮敎徒)가 중심이 되어 일으킨 것이다. 청(淸, 1636~1912) 초기에는 도교가 난립하였지만 진공교(眞空敎: 廖帝聘)가 중심이 되었으며 도교는 지금도 중국에서 막강한 교세를 갖고 있다.[10]

청나라 말기 1799년 백련교도의 난이 일어났고, 1899년에 의화단(義和團)의 난을 일으킨 집단도 백련교의 일파인 팔괘교(八卦敎)에 속했으며, 1850년 태평천국(太平天國)의 난을 홍수전(洪秀全) 뿐만 아니라 현재 중국의 공산당 정부에 대항하고 있는 파룬궁(法輪功)도 도교를 기반으로 하고 있다.

---

10) 이용주, 「도교의 역사」, 『세계 종교사 입문』, 청년사, 1991, pp.384~398.

3) 선도와 중국 도교의 차이점

우리 민족은 민중의 사상적 기층에 대해서 『순오지(旬五志)』에서 우리 동방은 원래 불씨(佛氏: 佛教)만 숭상하고 노씨(老氏: 道教)는 숭상하지 않았다. 그래서 우리나라 수천리 지역에 난야(蘭若: 寺刹)나 사문(沙門: 僧侶)은 몇만개가 되는지 알 수 없건만, 도관(道觀)이라는 것은 하나도 없었으며, 또한 도사(道士)라는 사람은 더구나 하나도 없었다. 그러니 이것만으로도 불씨만 숭상하고 노씨는 숭상하지 않았다는 것을 알 수가 있다고 하였다.[11]

이것은 우리의 민중들이 도교보다는 불교를 숭상하였음을 증명해 주고 있는 것으로 무왕의 미륵사 창건, 궁예의 봉기, 화순 운주사 미륵불설화, 선암사의 도솔암 미륵불설화, 김제 금산사의 미륵전설화, 은진미륵의 조성, 중원 미륵사지의 조성, 동학혁명, 증산사상 등을 통해서 볼 수 있듯이 미륵사상이 더 깊이 관여 되어있다. 이것은 우리 민족이 현실적인 더 나은 삶보다는 새로운 세상을 꿈꿔왔다는 것을 보여주고 있는 것이다.

중국의 도교 제례는 하늘보다는 북극성(北極星) 또는 북두칠성(北斗七星)에 제사를 드리는 성제(星祭)로 우리나라에서 하느님에게 드리던 제천과는 다른 것이었다. 이들의 도관(道館)에서는 도사(道士)들이 옥황상제(玉皇上帝)에게 드리는 초제(醮祭)를 드렸는데 고려(高麗) 시대에는 왕과 왕실의 복을 빌고 왕실과 국가의 재앙을 막고자하는 과의도교(科儀道教)라는 양재기복(禳災祈福)의 제례도교가 제도화되었다.

『선화봉사고려도경(宣和奉使高麗圖經)』에는 고려의 국립도관인 복원궁(福源宮)이 개성의 북문 안에 있었다고 한다. 더구나 궁안에는 삼청상(三淸像)을

---

11) 홍만종, 『순오지(旬五志)』, p.201.

그려두었으며, 송나라에 가서 단학을 배워온 이중약(李仲若)이 복원궁에서 강의를 하였는데 도를 묻는 사람들이 문을 메워 저자를 이루었다고 한다. 그는 인종 때에 반대파에게 모함을 받아 살해당했다고 한다. 고려에는 복원궁 이외에도 신격서, 구요당, 소전색, 대청관, 청계배성소 등의 여러 도관들이 개성이 건립되었었다. 『조선유기략』에서도 예종(睿宗)이 도관(道館)을 세워 삼청상(三淸像)에 초제(醮祭)하며 매월 행하더니 인종(仁宗)이 이를 금한 뒤에는 아주 쇠하였다고 한다.[12] 조선(朝鮮) 시대에 이르러서는 초제는 소격서(昭格署)에서만 지내게 되었다. 삼청(三淸)이란 옥청, 상청, 태청 등을 말하는 것으로 도교의 최고신으로 현재 삼청동은 여기서 유래된 지명이다.[13]

중국의 저명한 철학자인 빙우란(馮友蘭)은 1930년에 저술한 『중국철학사』를 통해 중국에서 도교(道教)와 도가(道家)는 서로 다를 뿐 아니라 사상적으로도 서로 상반되고 있다고 언급하고 있다. 철학(哲學)으로서의 도가(道家)는 '자연을 따르라'는 노자, 장자의 설을 가르치는데 반해, 종교(宗教)로서의 도교(道教)는 자연을 역행(逆行)하는 설을 가르치고 있는데 도교의 근본원리는 죽음을 피하는 방법인 불로장생(不老長生)을 가르치고 있기 때문이다. 이것은 노자나 장자가 생명이 다해 죽음이 오는 것이며 그것이 자연의 도이고 우리는 그 도를 어길 수 없다고 가르치고 있는 것과는 정반대(正反對)가 되는 것이기 때문이다.[14]

특히 도교는 도가의 철학에 신선술(神仙術), 양생술(養生術), 금단술(金丹術), 잡술(雜術) 등 여러 가지 민간신앙(民間信仰)의 요소들이 혼합하여 종교적 의례의 형식까지 포괄되어서 종교복합체(宗教複合體)로 발전되어 나타나고 있

---

12) 권덕규, 앞책, 2009. p.99.
13) 국학연구원 편,『한국선도의 역사와 문화』, 국제뇌교육종합대학원출판부, 2006, pp.455~461.
14) 馮友蘭, 『中國哲學史』, 臺灣商務, 2015.

다. 이러한 교단도교(敎團道敎)의 창시자는 북위의 구겸지[寇謙之: 365~448]로서 도관(道館)이라는 사원과 도사(道士)라는 수행자들에게 의해서 전승되어 오랜 전통을 지니고 있다.

이들은 불로불사를 꿈꾸며 신선이 되고자 하였다. 그 방법으로는 서진(西晉) 때의 갈홍(葛洪:283~343)이 지은 『포박자(抱朴子)』에서는 두가지의 금단술(金丹術)을 거론하고 있다. 첫째는 불사약(不死藥)을 비롯한 외부의 물질을 섭취하여 수명을 연장시키는 방법으로 외단(外丹)이라고 한다. 둘째, 인간의 정신적인 수련을 통해 자신의 체내에서 금단을 완성시키는 것을 내단(內丹)이라고 한다.

그런데 『포박자』에서는 금단의 복용이라는 구체적인 약물요법(藥物療法)을 중시한다. 선약편(仙藥編)에서는 신선이 되는데 유효한 약의 종류를 3가지로 구별한다. 그중 하약(下藥)은 질병을 치료하는 효력을 지니며, 상약(上藥)은 수명을 연장하고 귀신을 부릴 수 있는 조화력을 발휘한다는 것이다. 상약에 해당하는 것이 금단으로 이것은 금액(金液)과 환단을 합하여 부르는 용어이다. 환단(還丹)은 단사(丹砂)[15]를 태워 화학 변화시킨 것을 주성분으로 하고 여러 가지 광물질을 첨가하여 만든 고체의 약으로, 금단편에서는 여러 종류의 단을 제시하고 가장 뛰어난 것을 태청신단(太淸神丹)이라고 하였다. 금액은 황금에 여러 가지 광물질을 섞어서 만든 액체의 약이다. 이렇게 만든 단약인 환단을 복용하면 단사의 변화성·환원성·조화성에 힘입어 노쇠한 몸도 다시 회춘하게 되고, 금액을 마시면 황금(黃金)의 불변성으로 말미암아 육체가 영원히 죽지 않게 되는 것이다. 그리고 이 2가지 약을 제조하는 과정은 매우 복잡하고 어려운데, 그 과정이 복잡할수록 더욱 위대한

---

15) 유화수은 혹은 황화수은, 황화제이수은. 수은과 유황의 천연화합물로서 주황색의 광물질인데 중국에서는 진주산(産)이 유명함

가치를 가진 것으로 간주된다.

이러한 금단술 이외에도 호흡법(呼吸法)·방중술(房中術)·음식조절법(飮食調節法) 등이 있다고 하였으며, 이러한 양생법(養生法)은 모두 기(氣)의 단련에 의해 신선이 된다는 견해이다. 즉 금단술은 외부의 탁월한 기를 인체 내에 복용하는 방법이며, 호흡법은 인체 내의 원기를 배양하는 법이고, 음식조절법도 탁한 기를 버리고 맑은 기를 얻으려는 방법이다. 그러나 금단의 독기(毒氣)로 생명의 단축 내지는 생명 상실의 역효과를 초래하는 일이 자주 발생하였는데, 연금술이 최고로 발달되었던 당(唐)나라 때에는 실제로 많은 황제들이 단약을 먹고 수은(水銀) 중독에 걸려 죽는 일이 일어났다고 한다.

이러한 부작용에 의해서 외단에서 내단으로의 전환이 당과 송의 양대에 걸쳐 서서히 이루어졌다. 내단법은 『포박자』의 신선사상 중에서 호흡법인 행기법(行氣法)을 택하여 발전시킨 것으로 볼 수 있다. 내적 생명력의 수련을 통해 인체 내에서 금단을 형성하려는 방향으로 나아가게 되었다. 이제 금단도를 외적인 것에서 내적·본성적인 것으로 전환하기에 이른 것이다. 이것을 내단(內丹)이라고 하며, 뒷날 단학(丹學)이라고 불리게 된 것이다. 내단은 인간의 육체 속에 깃들어 있는 3가지의 근원적인 힘, 즉 원정(元精)·원기(元氣)·원신(元神)을 기르는 방법이다.

단학에서는 정·기·신을 육신이 본유한 고귀한 약물로 간주해왔고, 정·기·신을 수련한다는 것은 곧 정신수련을 의미한다. 다시 말해서 일원기의 흐름을 역행시켜 정(精)을 기로 변화시키고, 기(氣)를 다시 신으로 변화시키며, 신(神)도 궁극에는 허(虛)로 환원시키려는 것이다. 결국 정·기·신을 그 근원처로 되돌리는 것이다. 여기에서의 요체는 수중(守中)과 포일(抱一)이니, 모든 인위적인 사념을 배제한 가운데 마음을 고요히 하여 정신을 통일하는 것이 바로 단학의 수련이다. 다시말해서 내단법이란 기(氣)를 단련하여 금단을 완성시킴으로써 신선(神仙)이 되고자 하는 것이다.

이것을 통해서 볼 때 중국의 도교란 우리 민족의 선도가 지향하는 홍익인간, 재세이화라는 지고지선의 가치를 지향하는 것이 아니라 일신(一身)의 불로장생을 염원하면서 신선이 되고자 꿈꾸었으며 심지어는 선도에서는 전혀없는 약물을 이용한 금단술까지 동원하면서 자연의 순리를 역행해 나가고 있음을 볼 수 있다.

우리 민족의 선도는 호흡법을 통해서 우리 몸속의 사기(邪氣)를 토출(吐出)하고 하느님으로부터 오는 우주(宇宙)의 맑은 기를 받아들여 그것을 단전(丹田)에 쌓음으로써 천인합일(天人合一)이 되는 수행을 통해서 문(文)과 무(武)를 겸비한 선비[仙人]가 되어 가정, 사회, 민족에게 기여하는 홍익인간(弘益人間)이 되는 것이다. 그리고 중국의 도교와 같이 우리가 살고 있는 현실 세계를 회피하여 신선이 되어 날아가 버리는 것이 아니라, 우리가 살고 있는 현실 세계를 하늘의 법도대로 되도록 만들어 하늘나라를 이 땅 위에 재현시켜 재세이화(在世理化)를 행하고자 하는 것을 목표로 하였고 역사적으로도 선도(仙道) 뿐만 아니라 그 줄기인 공자의 유교(儒敎), 노자의 도교(道敎), 부처의 불교(佛敎), 예수의 기독교(基督敎) 등에 의해서도 입증되어져 왔다.

화랑 출신이었던 원효(元曉)는 불제자로서 그 당시 여러개 나누어져 있었던 종파를 뛰어넘어 화쟁회통(和諍會通)하는 것으로서 이것은 유·불·도를 뛰어넘어 회삼귀일(會三歸一)하였던 선도(仙道)의 사상적 맥락을 바탕으로 하고 있었을 알 수 있다.[16] 그와 아울러 그 당시 왕실과 귀족 중심의 불교를 타파하고 민중불교를 지향해 나갔으며 화랑들과 같이 명산대첩과 동굴 등에서 수행을 해나가면서 민중들의 아픔을 포용해 나갔다.

---

16) 이을호, 『한사상총론』, 올제, 2018, pp.250~258.

당나라에 유학을 가서 관직에까지 올라 토황소격문을 지어 문명을 떨쳤던 최치원(崔致遠)은 유학자였음에도 불구하고 귀국 후에는 가야산에 들어가 선도를 입문하여 우리 민족의 선맥(仙脈)을 이어나갔다. 그뿐만이 아니라 유학자였던 김시습(金時習) 또한 명산대첩을 주유하면서 선맥을 이어나갔는데, 이것은 최치원이 난랑비서(鸞郎碑序)에서 언급한 바와 같이 우리 민족의 선도가 유교, 불교, 도교 등을 모두 아우를 수 있는 넉넉한 틀을 지니고 있었음을 보여주는 것이다. 심지어는 기독교까지도 품을 수 있는 것이었으나[17] 경직된 주자학이나 기독교 등이 이것을 거부하고 있는 것이다.

그러하기에 조선이 문약해져서 패망의 길로 접어들 수 밖에 없었던 것이다. 유연하지 않으면 굳어버린 것이며, 변화하지 않는 것은 죽는 것이다. 이것이 자연(自然)의 이법(理法)이며 이것을 선도나 노자가 이미 갈파하고 있는 것이다. 이러한 넓고도 변화무쌍한 사상이 아니고는 미래의 글로벌하고도 급변하는 사회에서는 살아남지 못할 것이다.

4) 선도와 도교의 습합

선도는 환인, 환웅, 단군으로부터 내려온 우리나라 고유의 종교, 사상, 철학이다. 그중에서도 선도란 이상적이고 궁극적인 방법과 원리를 제시하는 종교이고, 선교란 이러한 도를 따르는 가르침을 말하는 것이며, 선가란 이것을 따르던 특정한 학파나 학자들을 말하는 것이며 선학은 이것을 연구하였던 학술이나 학문을 지칭하는 것이었다.[18]

---

17) 유동식, 『풍류도와 예술신학』, 한들출판사, 2006 ; 이호재 지음, 『한밝 변찬린: 한국종교사상가』, 문사철, 2017.
18) 임채우, 「한국 선도와 한국도교: 두 개념의 보편성과 특수성」, 『도교문화연구』 29호, 한국도교문화학회, 2008, p.265.

『청학집(靑鶴集)』에서는 환인, 환웅, 단군, 문박씨, 영랑, 보덕신녀, 옥보고, 이순으로 내려오는 선맥과 신라 초기에 표공, 참시선인, 물계자, 대세, 구칠, 도선, 원효, 최치원, 이명, 곽여, 최당, 한유한 등으로 전해오는 선맥(仙脈)을 거론하고 있다.[19]

중국 종남산의 김가기전마애각문

우리나라에 중국의 도교(道敎)가 들어오기 시작한 것은 고구려 당시 친당 화친정책으로 선회를 한 영류왕(榮留王) 때인 624년으로 당나라에서 도사가 들어왔다고 한다.

『해동전도록(海東傳道錄)』에는 신라에서 당으로 건너간 김기기(金可記), 최승우(崔承祐), 자혜(慈惠: 義湘大師) 등이 전진교의 종리권(鍾離權)에게 도교를 전수받았으며 김가기만 당나라에 남아 신선이 되었다고 한다.[20] 최승우는 귀국 후 최치원(崔致遠)에게 도교를 전수함으로 인하여 설현(偰賢), 김시습(金時習), 한무외(韓無畏) 등으로 이어져 내려가고 있음을 보여주고 있다. 이중에서도 김시습이 제창한 단학(丹學)은 인간심성론을 바탕으로 한 단은 외부에 있지 않고 내부에 있음을 주장하고 있어 조선시대 단학의 발원이 되고 있다.

『오주연문장전산고(五洲衍文長箋散稿)』 경사편, 도장총설(道藏總說)에서는 "도교 전도의 근원을 소급해 보면 종리권(鍾離權)이 신라 사람 김가기(金可記), 최승우(崔承祐), 중 자혜(慈惠: 義湘大師)에게 전수하였으며, 최승우는 최고

---

19) 이종은 역주, 『해동전도록, 청학집』, 보성출판사, 1986.
20) 변인석, 『唐 長安의 新羅史蹟』, 아세아문화사, 2000.

운(崔孤雲: 崔致遠)과 이청(李淸)에게 전수하였고, 이청은 명법(明法)에게 전수하였으며, 명법은 다시 자혜(慈惠)에게 전수하여 그 요점을 모두 얻었다. 자혜는 권청(權淸)에게 전수하였고, 권청은 원(元) 나라 설현(偰賢)에게 전수하였으며, 설현은 김시습(金時習)에게 전수하였고, 김시습은 홍유손(洪裕孫)에게 《천둔검법(天遁劍法)》과 《연마진결(鍊魔眞訣)》을 전수하였으며, 또 옥함(玉函)에다가 단약을 만드는 요점을 기록하여 정희량(鄭希良)에게 전수하였고, 《참동계》·《용호경》의 비지(祕旨)를 윤군평(尹君平)에게 전수하였다. 윤군평은 곽치허(郭致虛)에게 전수하였고, 정희량은 중 대주(大珠)에게 전수하였으며, 대주는 정염과 박지화(朴枝華)에게 전수하였다. 홍유손은 밀양(密陽)에 사는 과부 박씨(朴氏) 묘관(妙觀)에게 전수하였고, 묘관은 강귀천(姜貴千)과 장도관(張道觀)에게 전수하였으며, 곽치허는 한무외(韓無畏)에게 전수하였다. 권청은 남궁두(南宮斗)에게 전수하고 또 조운흘(趙云仡)에게 전수하였다."고 한다.

즉 우리나라 전통의 선도와는 달리 도교가 최승우, 자혜, 최치원에 의해 신라로 도입되었으며 이것이 조선시대의 김시습까지 이어지고 있음을 동일하게 언급하고 있다.

『청학집(靑鶴集)』에서는 위한조(魏漢祚)는 연산군(燕山君) 당시의 인물로 이혜손(李惠孫)에게 수학한 후 중국으로 가서 양운(楊雲)에게 도술을 배워 8명의 제자들에게 도를 전해주었으며 그의 제자 중에는 조선인, 중국인, 몽골인, 여진인 등으로 구성되어 있었다. 이 당시 양운(楊雲)의 제자였던 조현지(曹玄志)는 명청교체기의 혼란한 정세를 피하여 조선(朝鮮)으로 귀화하여 중국의 도교(道敎)가 조선에 다시 유입되게 되었다. 즉 당시 청학상인(靑鶴上人)이라고 불렸던 위한조를 중심으로 한 수행자들은 환인(桓因)을 동방(東方) 선맥(仙脈)의 조종(祖宗)으로 삼고 있었던 강한 주체의식과 함께 만주, 몽골, 중국 등의 대륙문화를 포용하고 대륙의 이주민들과 융합하는 국제적이고도 개

방적인 측면을 보여주고 있다.[21]

5) 선도의 쇠퇴

고구려는 수나라와 당나라의 100만 대군을 막을 정도 강성한 국력을 가진 나라이다. 그 바탕에는 선도로 무장한 조의선인(皂衣先人)이 포진되어 있었기 때문이었다. 『태백일사』 「고구려국본기」에 살수대첩으로 수나라 100만 대군을 물리친 을지문덕 당시에 고구려에 20만 명의 조의(皂衣)가 있었다고 하며, 연개소문(淵蓋蘇文)은 그의 증조부 광, 조부 자유, 아버지인 태조가 모두 막리지였던 명문가 출신으로 9살에 조의선인이 되었다고 하였다.

북쪽의 수나라를 치고 남쪽으로 백제와는 동맹을 맺었던 남수북벌(南守北伐)의 정책을 구사하면서 수나라의 공격을 수차례나 막아 요하를 넘지 못하게 하였던 영양왕이 죽자, 친당 화친정책으로 선회를 한 영류왕(榮留王)은 7년(624)에 당나라에서 노자(老子)의 상을 구하여 도사(道士)를 받아들여 백성들로 하여금 도덕경(道德經)을 청강하게 하였다. 그와 동시에 24년(641)에는 당나라의 사신 진대덕이 고구려로 들어와 돌아다니면서 정세를 탐지하였다. 공격을 최우선의 방어라고 믿어왔었던 고구려의 전통적 전술을 강조하고 있었던 서부대인 연개소문은 영류왕의 도교(道敎)를 강론하는 것과 천리장성(千里長城)을 쌓는 일을 중지시키려 하였지만, 도리어 그를 요동으로 내어 쫓아 천리장성을 쌓게 하였다. 그러자 연개소문이 쿠테타를 일으켜 영류왕과 그를 따르던 무리들을 모조리 죽이고 보장왕을 세우게 된다.[22] 이능화는 『조

21) 조한석, 「〈청학집〉 소재 선맥의 이중성과 그 의미」, 『도교문화연구』 29호, 한국도교문화학회, 2008, pp.105~108.
22) 단단학회 편, 앞책, p.108.

선도교사(朝鮮道教史)』에서 이 당시 들어온 도교는 한(漢)나라 말기 장도릉(張道陵)이 시작한 오두미교(五斗米敎)였으며 이것이 유입되자 고구려 사람들이 앞을 다투어 신봉하였다고 하였다.[23]

그 후 고구려의 승려인 보덕(普德)은 반룡산(盤龍山) 연복사(延福寺)에 있으면서 고구려 보장왕이 도교를 존중하고 불교를 숭상하지 않으니 국운이 위태롭게 될 것을 걱정하여 여러 차례 왕에게 간하였다. 그러나 왕이 이를 듣지 않자 650년(보장왕 9)에 백제의 완산주(完山州) 고대산(孤大山)으로 옮겨가 경복사(景福寺)를 짓고 살았다고 한다.[24]

이것을 보면 고구려의 멸망에는 연개소문의 죽음과 그 자식들의 분열뿐만 아니라 도교의 성행과 선도의 피폐도 있었을 것으로 본다. 왜냐하면『삼국유사(三國遺事)』,『조선도교사(朝鮮道教史)』에서는 이 당시 당나라에서 파견한 오두미교의 도사들이 고구려 전국을 돌아다니며 명산대천의 영기(靈氣)를 눌렀다고 하였기 때문이다.

신라에서는 민간에 내려오고 있었던 화랑제도를 진흥왕이 삼국통일의 기틀이 되는 동량을 키울 수 있는 제도로 채택하여 국선화랑을 중심으로 장군의 재목을 발탁해 나갔다. 그 후 팔관회(八關會)가 정착되면서 고려시대까지 연장되게 되었다. 그러나 유교를 숭상하였던 성종 때에는 팔관회를 폐지하기까지 하였다. 대부분 연등회(燃燈會)를 불교행사로 4월 초파일에 행해졌다고 생각하고 있지만『신단실기』,『신단민사』,『조선유기략』 등에서는 2월 보름날에 전국에서 등불을 켜놓고 천신(天神)께 제사를 지내던 행사라고 하였다.

고려의 건국주체는 고구려의 유민들로 대부분이 무장들이었다. 그러나

---

23) 이능화,『조선도교사(朝鮮道教史)』, p.57.
24) 『삼국유사(三國遺事)』권제3, 흥법(興法), 제3, 보장봉로보덕이암(寶藏奉老普德移庵).

광종의 과거제도 실시와 성종의 유학의 장려 등을 통해서 최승노, 최충 등의 신라 6두품 세력이 대거로 중앙 정치무대를 장악해 나가기 시작하였다. 이들은 신라의 김춘추가 구사했던 친당사대주의를 그대로 본받아 친중국적인 사대주의적를 주장하였던 자들이 대부분이었으며 이러한 사대파(事大派)의 거두가 김부식이다. 한편 별기군 창설과 함께 여진정벌을 주장했던 윤관 장군을 중심으로 정지상, 윤언이, 이지백, 묘청, 백수한 등은 칭제건원(稱帝建元)과 북벌(北伐)을 주장하였던 국풍파(國風派)가 있었다.

고려의 예종(睿宗)은 귀족의 자제들로 국선(國仙)을 삼아 화랑을 중흥하려 했으며 그 당시 윤관(尹瓘) 장군이 여진을 쳐부수고 두만강 건너 700리까지 차지하고 그곳의 선춘령에 '고려지경(高麗之境)'이라는 비석을 세웠으나, 여진족들이 그 땅을 되돌려 달라고 요청하자 사대파들은 그곳이 너무 멀어 지키기 어려우니 돌려줄 것을 주청하여 다시 돌려주게 된다. 이것이 나중에 화근이 되어 아골타가 금나라를 세워 황제라 칭히고 고려를 쳐들이오게 되는 빌미를 제공하게 된 것이다.

그 후 윤관 장군이 죽자 묘청이 칭제건원, 북벌, 평양천도를 건의하였으나 받아들여지지 않자 평양에서 반란을 일으켰다. 이에 토벌대장에 임명된 자가 바로 김부식이며 부장군에는 윤관의 아들인 윤언이었다. 윤언이의 묘책으로 묘청의 난을 평정하고 개선한 김부식은 윤언이를 귀향 보냈으며 자기의 최대 정적이며 고려 최고의 천재였던 정지상을 죽여 버렸다. 이 사건으로 말미암아 고려의 선도가 쇠퇴하고 말았으니 신채호 선생이 이것을 '조선역사상 1천년래 제1대사건'이라고 개탄하였으며[25] 그는 "고려시대에 들어와서는 이들 화랑과 조의(皂衣)들이 모두 천민(賤民)이 되어 나라의 국수

25) 신채호 저, 이만열 주석, 『주석 조선상고문화사』, 단재신채호선생기념사업회, 1992.

(國粹)가 무너지고 말았다."고 개탄하고 있다.[26]

신채호는 고려 예종 때에 중국에서 귀화하여 벼슬을 한 호종단(胡宗旦)에 대해서 《여지승람(輿地勝覽)》에 양양(襄陽)에 사선비(四仙碑)가 있었는데 호종단이 부순 바가 있어 오직 그 귀부(龜趺)만 남았다고 하였으며, 《해상잡록(海上雜錄)》에 선춘령(先春嶺) 아래에 있었던 고구려비(高句麗碑)를 비롯하여 금석문들을 훼손하였다고 하면서 그가 저지른 일이 이뿐 만이 아니라고 하면서 그가 예종(睿宗), 인종(仁宗) 때에 전국의 산천(山川)을 돌아다니며 지혈(地穴)을 끊어 압승(壓勝)하였으며 수천 년 국수(國粹) 정신의 중심인 화랑도의 으뜸이었던 사선(四仙)의 유적들을 말살한 것은 이천년래(二千年來)의 가장 큰 사변이라고 개탄하였다.[27]

이러한 사실을 고려말기 이곡(李穀)도 『가정집(稼亭集)』 제5권, 동유기(東遊記)에서 "금강산의 삼일포(三日浦)는 사선(四仙)이 노닐었던 곳이라고 한다. 이 36봉에는 봉우리마다 비석이 있었는데, 호종단(胡宗旦)이 모두 가져다가 물속에 가라앉혔다고 한다. 지금도 그 비석의 받침돌은 아직 남아 있다. 호종단이란 자는 이승(李昇)의 당(唐)나라 출신으로 본국에 와서 벼슬하였는데, 오도(五道)에 나가 순시할 적에 이르는 곳마다 비갈을 가져다가 비문을 긁어 버리는가 하면 깨뜨리기도 하고 물속에 가라앉히기도 하였다고 한다. 그리고 심지어는 종경(鍾磬)까지도 유명한 것들은 모두 쇠를 녹여 용접해서 소리가 나지 않게 틀어막았다고 한다. 이는 한송정(寒松亭)과 총석정(叢石亭)과 삼일포(三日浦)의 비석, 그리고 계림부(鷄林府) 봉덕사(奉德寺)의 종 같은 경우를 통해서 확인할 수가 있다."고 하였다.

그리고 조선초기의 서거정(徐居正)도 『사가문집(四佳文集)』 권지일(卷之一), 기

26) 안병직 편, 『신채호』, 한길사, 1979.
27) 신채호, 『주석 朝鮮上古文化史』, pp.95~99.

(記)에서 "강릉에서 가장 경치가 좋은 곳이 경포대(鏡浦臺), 사선봉(四仙峯), 한송정(寒松亭), 석조(石竈), 석지(石池), 문수대(文殊臺) 등인 것을 알았고, 선배들의 풍류도 이로 말미암아 살필 수 있었다. 그러나 호종단(胡宗旦)이 비석을 물속에 넣은 일 또한 특별히 기이한 일이다."라고 하였다. 이것을 보면 호종단이 노리고 주로 훼손한 것은 우리 민족 정신의 정수였던 선도(仙道)에 대한 금석문과 유적들이었음을 알 수 있다.

호종단의 횡포는 여기에 그치지 않고 제주도까지 미치고 있다. 그는 제주도의 13혈(穴)을 찾아 막으라는 중국조정의 명을 받고 종달리(終達里), 의귀리(衣貴里), 서홍리(西洪里), 산방산(山房山) 등의 지맥을 끊고 배를 타고 귀국하려고 한경면 고산리의 차귀도에 이르렀을 때 이 고장 수호신의 영이 매로 변신하여 별안간 날아와 폭풍을 일으켜 배를 침몰시켜 죽여 버렸기에 '遮歸'라고 부른다고 한다.[28]

조선(朝鮮)시대에는 인간의 성리(性理)만을 따지던 주지학(朱子學)을 국교로 삼고 모든 종교를 탄압하고 심지어는 주자학 이외의 양명학(陽明學) 등 다른 유학들 마저 사문난적(斯文亂賊)으로 보고 있었다. 이러한 조선 사회에서 선도는 완전히 피폐해져 버려 무속화(巫俗化)의 길로 접어들게 되었고 중국의 도교와 섞이면서 풍수, 점술, 미신적 무속 등으로 왜곡되어 저속한 민간신앙(民間信仰)으로 전락되어 버렸다.

그러자 청학상인(靑鶴上人) 위한조(魏漢祚)와 같이 뜻있는 선도의 수행자들은 깊은 산속으로 숨어 들어가 민중들과는 멀어져갔으며, 그중에서도 김시습(金時習)과 같은 유학자들은 불교 속에 몸을 감추기도 하였다. 『해동전도록』에서는 주자학자였던 서경덕(徐敬德)이 김시습으로부터 선도를 전수받았

---

28)『제주 고산향토지』, 북제주군 한경면 고산리, 2000.pp.1122~1127.

다고 한다.[29] 그러나 세종대왕(世宗大王) 만은 단군묘(檀君廟)를 세워 소도의 사상을 회복하게 하였다.[30]

홍만종은 『순오지(旬五志)』에서 "조선시대의 선비들은 이미 우리나라 고유의 단학을 잊어버렸으며 단학(丹學)을 노자(老子)의 도교(道敎)에서 흘러온 것으로 알고 있다."고 개탄하였다.

---

29) 이종은 역주, 앞책, 1986.
30) 권덕규, 앞책, 2009. p.112.

4. 맺음말

환웅께서 이 땅에서 내려와 다스리길 원하신 원대한 꿈은 홍익인간과 재세이화이다. 이러한 원대한 꿈은 인간들을 통해서 이루어진다. 그의 가르침이 바로 선도, 풍월도, 화랑도이며 이것을 배우고 실천했던 자들이 바로 선인, 조의, 화랑이었다. 이러한 자들이 지도자로 발탁되어 지도자로 있었을 당시의 중국의 여러 사서들은 이구동성으로 우리나라를 신선이 사는 나라, 군자의 나라, 동방예의지국이라고 칭송하였다.

『산해경(山海經)』 9권, 해외동경(海外東經)에 "군자국은 그 북쪽에 있는데, 의관을 하고 칼을 허리에 찬다. 짐승을 잡아 먹으며 두 마리의 큰 호랑이를 그 곁에 두어 부리고 있다. 그 사람들은 서로 양보하기를 좋아하여 싸우지 않는다."고 하였다.[1]

『설문해자(說文解字)』 권10, 대부(大部), 이(夷)조에 "이(夷)는 동방(東方) 사람이다. 큰 대(大) 자와 활 궁(弓) 자를 합한 것이다."[2]라 하였고, 권4, 양부(羊部) 강(羌)조 "강은 서융으로 양을 키우는 사람이다. 사람 인과 양 양의 합한 자이다. 남방의 만민은 벌레이며, 북방은 적으로 개이다. 동방은 맥(貉)으로 치(豸)이다. 서방 강은 양이다. 이것이 여섯가지 종류이다. 서남은 북인, 초요로 사람이다. 모두 곤지에 있다. 성품이 순리에 따르지 못한다. 오로지 동이(東夷)는 큰 대로 대인(大人)이다. 이의 습속인 어질고(仁) 어진 이는 장수

---

1) 君子國在其北, 衣冠帶劍, 食獸, 使二大虎在旁, 其人好讓不爭.(『山海經』 9卷, 海外東經)
2) 夷, 東方之人也. 从大从弓.(허신 지음, 단옥재 주, 금하연·오채금 옮김, 『한한대역 단옥재주 설문해자』 제1권, 자유문고, 2016)

한다. 군자가 죽지 않는 나라(君子不死之國)가 있다. 공자(孔子)는 "'도가 행해지지 않으면 바다에 뗏목을 띄워 그것을 타고 구이(九夷)에 가고자 한다.'고 하였는데, 연유가 있는 말이다."라고 하였다.[3]

『후한서(後漢書)』 열전, 권85, 동이열전(東夷列傳)에는 "동쪽에 오래된 나라가 있으니 동이(東夷)라 부른다. 그 나라는 비록 크나 스스로 교만하지 않았다. 그 군대는 비록 강하나 남의 나라를 침략하지 않았다. 풍속이 순박하고 후덕하여 길 가는 사람은 서로 길을 양보하고 밥 먹는 사람은 서로 밥을 권하였다. 남녀가 거처를 달리하여 앉는 자리를 함께 하지 않았다. 가히 동방예의지군자국(東方禮儀之君子國)이라고 일컬을 만하다."라고 하였다.[4]

즉 고구려는 수나라와 당나라의 100만 대군을 물리쳤던 강국으로 대흥안령산맥을 넘어 호륜패이대초원과 석림곽륵대초원을 차지하여 말을 타고 누비던 대국이었으며, 백제는 황해를 건너 중국의 요서, 산동, 절강 등 동부연안지역과 일본을 다스렸던 해양강국으로 겸익(謙益) 스님을 인도까지 유학시킬 정도로 대양을 누볐던 나라이다. 그리고 고려시대까지는 북방의 거대한 거란, 여진, 몽골 등과도 끝까지 굴하지 않고 투쟁했던 민족이다. 세계에서 가장 거대한 몽골제국(蒙古帝國)과 40여 년을 투쟁하여 살아남은 나라는 고려(高麗) 밖에는 없다. 더구나 몽골의 황제, 황태자 다음 서열에 서 있었던 부마국(駙馬國)이 바로 고려이다. 그리고 개경의 벽란도(碧瀾渡)는 전세계의 사람들이 드나들었던 국제적(國際的)인 항구였고 고려는 매우 개방적(開放的)인 국가였다.

---

3) 羌. 西戎牧羊人也. 从人从羊. 羊亦聲. 南方蠻閩从虫. 北方狄从犬. 東方貉从豸. 西方羌从羊. 此六種也. 西南僰人僬僥从人. 蓋在坤地頗有順理之性. 唯東夷从大. 大人也. 夷俗仁. 仁者壽. 有君子不死之國. 孔子曰道不行. 欲之九夷. 乘桴浮於海. 有以也.(허신, 윗책, 2016)

4) 東方有古國 名曰東夷. 其國雖大 不自驕矜 其兵雖强 不侵人國. 風俗淳厚 行者讓路 食者推飯 男女異處 而不同席. 可謂 東方禮儀之君子國也.(『後漢書』 列傳. 卷85. 東夷列傳)

불교(佛教)는 삼국시대에는 교종(敎宗)이 전파되었고 신라 말기에 선종(禪宗)이 전해지면서 교종과 하나로 만들기 위해 고려 전기 대각국사 의천(義天)이 교종을 중심으로 선종을 가미한 천태종(天台宗)이 만들었으나, 현재 우리나라는 고려 후기 지눌(知訥) 국사가 선을 중심으로 교를 통합하여 만든 조계종(曹溪宗)이 주종을 이루고 있다. 이것은 중국은 주로 선종이고, 일본은 주로 교종인 것에 비하면 우리 민족만의 독특한 통합된 불교문화를 꽃피운 것이다.

불교는 불살생(不殺生)을 부르짖었기에 인도(印度)의 나란다(Naranda)대학에 있었던 2만여 명의 승려들은 외적이 쳐들어 왔을 때 아무런 저항도 하지 않고 죽어갔다. 그러나 우리나라의 불교는 선도의 영향을 받아[5] 조국이 위급할 때에 서산대사와 사명대사와 같이 승병(僧兵)을 일으켜 나라를 구했던 호국불교(護國佛敎)라는 우리나라 불교만의 독특한 특징을 지니고 있는 것으로 이것은 화랑도 세속오계의 살생유택(殺生有擇) 정신을 이은 것이다.

그러나 조선조에 들어오면서 철저한 사대주의를 지향하였고 임진왜란, 병자호란을 겪으면서도 정신을 못차린 송시열을 비롯한 위정자들은 공리공담(空理空談)의 주자학(朱子學)과 예법(禮法)에 사로잡혀 백성들의 삶을 돌아보지 않게 되면서 백성들의 가슴 속에 한이 쌓이게 된 것이다.

그 이후 일제치하와 6.25 등 온갖 고난을 겪으면서 그 탄식 소리는 더 높아가게 된 것이다. 즉 중국이 예를 잃으면 찾아가겠다던 군자불사지국(君子不死之國)과 자존심 강한 당나라가 "해동성국(海東盛國: 동쪽 바다 건너 대단한 나라)"이라고 칭찬했던 우리 민족의 우수한 문화와 동방예의지국(東方禮儀之國)이라고 칭송받았던 예의범절, 수나라와 당나라의 100만 대군을 물리쳤던

---

5) 탄압을 받게된 선도의 일파가 불교 속에 들어가게 되는 데 그 연원은 원효를 비롯하여 의천, 지눌, 도선, 무학, 서산, 사명, 진묵, 개운조사 등이 있다.

고구려의 웅혼(雄渾)한 기질은 비하, 왜곡되어 사라져 버린 것이다.

선도의 전승에 있어서 고조선→부여→고구려→발해로 이어지는 북방계열은 홍익인간의 이념을 실천하고자 노력하였기에 우리 민족의 전통을 굳건히 지켜왔으며 중국의 100만 대군을 무찌르고 발해는 자존심 강한 당나라로부터 '해동성국(海東盛國)'이라는 칭송을 받기까지 하였다.

그러나 신라를 중심으로 한 신라→고려→조선으로 이어지는 남방계열의 전승과정에서는 북방(北方)의 드넓은 고토(故土)를 잃었을 뿐만아니라 정신적으로도 선도의 핵심사상과는 거리가 멀어지고 조의선인, 화랑도와 같이 집단적인 것이 아니라 주로 개인적 인물 중심으로 전승되었던 것이다. 그뿐만 아니라 조선시대에 들어와서 지식인들 사이에 유행했던 수련도교는 이러한 남방계열의 선도뿐만 아니라 중국 도교에도 그 연원을 두고 있어 우리 민족의 전통적인 선도와의 변별이 쉽지 않다.

더구나 일제치하와 해방 전후의 혼란한 정국과 더불어 6.25의 참화로 세계 최하위의 빈민국으로 전락한 조국의 현실 속에서 하루하루를 연명하기에 급급했던 암울한 현실 속에서 하늘로부터 이어받은 우리의 천성(天性)과 본심(本心)을 발현한다는 것은 거의 불가능한 지경에 이르고 말았다.

그러나 이제 모든 고난과 역경을 이겨내고 세계경제 10위의 경제대국으로 성장하였다, 이는 우리 민족이 글로벌한 미래사회에 세계사의 주역이 되어 리더 국가로 성장해 갈 수 있는 가능성을 보여주고 있다. 이것은 경제력에 의해서 이루어지는 것이 아니라 환웅께서 제시했던 하늘이 우리에게 주신 천성(天性)을 회복하여 세계 인류에 널리 두루 이익케 하는 인간인 홍익인간(弘益人間)이 되어야 하는 것이다. 더 나아가 우리들이 하늘의 이치를 깨달은 선인(仙人)이 되어 인간들이 살고 있는 세상 속에서 하늘의 이치를 베풀어 나아가 재세이화(在世理化)의 화평한 사회를 만들어 나가야 한다.

그러기 위해서는 환웅과 단군왕검의 가르침이었던 선도의 본질과 참뜻을 제대로 이해해야만 한다. 왜냐하면 자기 혼자 도통을 해서 신선이 되어 불로장생 하겠다는 도교적 사상[6]이 아니라, 나 개인을 위한 것이 아니라 사회, 국가 더 나아가 세계 인류를 위하는 것이 선도(仙道)의 대의적 명분이기 때문이다. 그러하기에 한국의 불교마저도 불살생(不殺生)을 외치면서 사라져간 인도의 불교가 우리나라에 들어와서는 조국이 위난(危難)을 닥칠 때 서산(西山), 사명(四溟), 영규(靈圭) 대사 등이 승병(僧兵)을 일으켜 조국을 구할 수 있었던 것이다.[7]

세계사의 흐름을 보면 준비되어 있지 않은 민족에게는 기회가 주어지지 않는다는 것을 역사가 말해주고 있다. 우리는 흔히들 "수신제가치국평천하(修身齊家治國平天下)"라는 말을 흔히 쓰고 있다. 『대학(大學)』경1장(經一章)에 보면 격물치지(格物致知) → 성의(誠意) → 정심(正心) → 수신(修身) → 제가(齊家) → 치국(治國) → 평천하(平天下)가 되는 명확한 프로세스를 제시히 주고 있다. 여기에서 가장 중요한 것이 사물의 이치를 아는 치지격물(致知格物)이다.

---

6) 중국의 도교는 현실의 소용돌이에 휩쓸리지 않고 초연한 자세로 생을 영위하려는 청담적(淸談的)인 처세철학의 성격을 가짐으로써 소극적이고 은둔적이며, 위아적(爲我的)이고 초세적(超世的)이고, 더나아가 현실도피적인 정신의 방향으로 흐르고 있는 것을 볼 수 있다.(최삼룡, 「선인(仙人) 설화로 본 한국 고유의 선가에 대한 연구」, 『도교와 한국사상』, 한국도교사상연구총서 1, 아세아문화사, 1987, pp.373~374.)

7) 『청학집』에서는 원효(元曉)와 도선(道詵)은 물계자(勿稽子)의 여운을 받았고, 혜륵(惠勒)·아도(阿道)·묵호자(墨胡子)·학선(鶖扇) 등은 모두 대세(大世)·구칠(仇柒)의 영향을 받았다고 한다. 이것은 한국 선도(仙道)가 신라 진평왕(眞平王)이후부터는 불교(佛敎)와 습합되기 시작하였다는 것을 보여주는 것으로, 원효는 의상과 더불어 화랑(花郞) 출신이었다. 그리고 서산대사의 스승이었던 영관(靈觀)은 청평사에서 학매선자(學梅禪子)에게 배우고 금강산에 들어가 9년간 생식수련을 수련하였다고 한다. 그런데 학매선자(學梅禪子)는 『해동이적』, 『해동전도록』에서 조선시대 선도(仙道)의 비조로 간주되고 있는 김시습(金時習)의 제자이다. 그러므로 이러한 영관과 보우에게서 배운 서산(西山)은 최치원처럼 풍류도의 전통인 유,불,선 3교의 합일론을 주장하기도 하였다. 그의 제자가 바로 사명(四溟)과 영규(靈圭)였던 것이다.(정현축, 『한국 선도 이야기』, 율려, 2016)

그것이 이루어진 이후에야 성의, 정심, 수신이 그 위에 이루어지는 것이다.[8]

이러한 기본도 갖추어지지 않은 인간들이 지도자라고 나서고 있으니 세상이 더욱 더 혼란스러워질 수 밖에 없는 것이다. 왜냐하면 하느님(天神)을 두려워하지도 않고 도(道)를 알지도 못하니 천리(天理)와 민심(民心)에 역행할 수밖에 없기 때문이다. 북애자(北崖子)도 『규원사화』에서 단군의 신교(神敎)를 계승하는 자만이 선가(仙家)의 정통으로 인정하였고 이 신교를 동이문화의 정수라고 주장하면서, 이것을 한문화(韓文化)의 본성으로 간직하는 일이야말로 정신문화 혁명의 기본방향인 것으로 믿었다.[9]

그러므로 지금이라도 우리 민족이 정신을 차리고 홍익인간이 지닌 지고한 하느님[桓仁: 혼님]의 뜻과 우주의 질서와 이치를 깨닫고 그 뜻을 세상에 펼쳐 재세이화(在世理化)할 수 있도록 청소년들에게 이러한 미래 비전을 제시할 때가 된 것이다. 그래야 징기스칸과 같이 전세계의 종교와 사상을 초월한 위대한 지도자를 탄생시킬 수 있는 것이며 21세기 세계의 선도국가(先導國家)로 우뚝 설 수 있는 것이다.

---

8) 천하 만물의 이치를 깨닫고 알아야 하며, 그 아는 것이 지극해져야, 그 뜻이 성실해지며, 그래야 마음이 바르게 되고, 그 후에 몸이 닦여지며, 그래야 집안이 가지런해지고, 나라가 잘 다스려지며, 그래야 천하가 화평해진다는 말이다. 이 중에서 하나라고 빠지거나 어그러진 자는 가정이나 나라를 다스려 봐야 혼란만 야기시키는 것이며 결국은 모두가 패망하게 되는 것이다.

9) 한영우, 「17세기 반존화적 도가사학의 성장」, 『한국의 역사인식(상)』, 창작과 비평사, 1976.